SILVER
ECONOMY

A BUSINESS INNOVATION PATH
FROM COGNITION TO ACTION

银发经济

从认知到行动的商业创新路径

李佳 王岳 —— 著

图书在版编目（CIP）数据

银发经济：从认知到行动的商业创新路径 / 李佳，王岳著 . —北京：机械工业出版社，2024.6（2025.3 重印）
ISBN 978-7-111-75819-8

Ⅰ . ①银… Ⅱ . ①李… ②王… Ⅲ . ①老年人 – 消费经济学 – 研究 Ⅳ . ① F014.5

中国国家版本馆 CIP 数据核字（2024）第 097963 号

机械工业出版社（北京市百万庄大街 22 号　邮政编码 100037）
策划编辑：谢晓绚　　　　　　　　责任编辑：谢晓绚　王　芹
责任校对：张爱妮　梁　静　　　　责任印制：单爱军
保定市中画美凯印刷有限公司印刷
2025 年 3 月第 1 版第 7 次印刷
147mm×210mm・8.625 印张・3 插页・136 千字
标准书号：ISBN 978-7-111-75819-8
定价：79.00 元

电话服务　　　　　　　　　　网络服务
客服电话：010-88361066　　　机　工　官　网：www.cmpbook.com
　　　　　010-88379833　　　机　工　官　博：weibo.com/cmp1952
　　　　　010-68326294　　　金　书　网：www.golden-book.com
封底无防伪标均为盗版　　　　机工教育服务网：www.cmpedu.com

PRAISE ◀ 赞誉

（按姓氏拼音排序）

李佳、王岳的《银发经济》是这一领域难得的佳作。作者依托老龄社会30人论坛多年的实践和积累，潜心研究银发经济这一"知易行难"的时代课题，用丰富的案例和翔实的数据，从老龄社会、银发经济的宏观着眼、微观着手，展现了巨大社会结构演进浪潮中的新格局、新挑战和新商机。

——段永朝　信息社会50人论坛执行主席、苇草智酷创始合伙人

《银发经济》深入剖析了老龄化社会下的商业机遇，为企业家提供了从理论到实践的全方位指导。这本书不仅展现了银发经济蕴藏的巨大潜力，更着重于指导企业如何把握这一社会趋势，实现商业模式的创新。无论你是创业者、企

业家还是市场研究者，这本书都将助你洞察先机，成为银发经济时代的领跑者。这无疑是一本不容错过的商业智慧之作！

——管清友　如是金融研究院院长、首席经济学家

《银发经济》是一部深入探讨老龄化社会所带来的经济和社会变化的作品。这本书不仅客观地解释了老龄化现象，还纠正了大众对老龄化的许多误解与固有的观念，并提供了一种新的视角，让读者重新认识老龄化对经济的影响。它通过大量的事实和数据，客观地阐述了老龄化社会的现状和未来发展趋势，为读者提供了如何在老龄化趋势中抓住经济机会的具体方法和策略。无论是学术研究者、政策制定者还是企业管理者，都能从中获得宝贵的启示和实际的指导。此书笔触温柔、视角客观，值得珍藏与分享。

——田兰宁　思德库养老信息化研究院院长、
中关村思德智能健康养老产业联盟理事长、
中国社会福利与养老服务协会副会长

《银发经济》从市场经济的角度解读银发经济，既客观展现了银发经济的背景、现状和未来，深刻剖析了从年轻社会向老龄社会转型的趋势、挑战与机遇；又理性地指出了银

发经济从认知到实践的行动方向，并通过具体案例描绘了银发经济的无限可能。

——原新　南开大学经济学院人口与发展研究所教授、
中国人口学会副会长

《银发经济》一书深入剖析了老龄化社会的经济潜力和商业模式，为我们提供了全面且实用的行动策略。强烈推荐此书给所有关注老龄社会商业发展的同人，相信它会为我们打开全新的视角，助力企业在银发经济浪潮中把握新机遇、创造新价值。

——张新红　国家信息中心原首席信息师、
信息社会 50 人论坛理事

推荐序 ◀ FOREWORD

银发浪潮下，新经济、新产业正在涌现。

人口老龄化正在以前所未有的速度、规模、广度和深度向我们奔来，人类正在经历从有史以来的年轻社会向老龄社会的转型。老龄化不是问题，不适应才是问题。尤其是经济、社会、政治和文化等领域的一系列不适应，是当下和未来无法回避的严峻挑战。银发经济正是以积极应对和消除这些不适应为起点和目标的。

新需求是银发经济崛起的根本动力。与人口老龄化相生相随的是长寿、少子和人口流动，以及与老龄化同步共振的城镇化、数字化。所有这些，在导致老龄人口占比大幅增加、个体生命大幅延长、人际社群日益多样的同时，也催生了新的社会主体及其新的需求，如急剧增长的老龄群体的需求、前所未有的第三人生的需求、应运而生的照护体系的需求，等等。其中,有的需求在年轻社会下就有,但在老龄社会下急剧扩大,如养老需求,原来仅百分之几的人口有此需求且需求时间不长,如今和未来则会有占比百分之二十、百分之三十甚至更多的人口有此需求,相关产业也从毫不起眼向大规模发展,甚至成为支柱产业。有的需求是全新需求,如第三人生的需求、大量独居老人的需求、消除代际数字鸿沟的需求,等等。这些从未出现过的老龄社会的新需求,给银发经济带来的挑战不小,但带来的机会也很多。除了老龄群体的需求,还有老龄照护者个体、群体和机构的需求。随着传统大家族逐渐解体和变小,社会化照护体系正在取代传统的家庭照护体系成为主流。可以预见,专门化、专业化的老龄照护者个体、群体和机构将大量涌现,由此引发的银发经济需求不可限量。

银发经济所涉人群并非仅限于老龄人口或银发人群。正如从年轻社会向老龄社会的转型是涉及全社会、全领域和全人群的大转型,而并非仅限于老年人的养老,银发经济也涉及全社会、全领域和全人群,中年、青年甚至少儿因人口老龄化而出现的新需求都是银发经济要面对的,如从中青年就开始筹划和准备的老龄金融、老少兼顾的照护体系,以及老年青年互助共享的生活空间,等等。总而言之,一个好的老龄社会应该是一个所有人都不为老龄而焦虑的社会。

新技术是推动银发经济崛起的供给侧动力。银发经济的崛起赶上了新一轮科技创新的浪潮,这是很大的幸运和机遇。数字化、人工智能和生物科技是这一轮科技创新的主力,也与银发经济息息相关。随着人口老龄化的加剧,年轻人口比例下降,年轻劳动力日益缺乏,如何通过技术创新以及新产品和新服务显著提高照护的劳动生产率水平,显著提高照护的人性化、安全化、精准化和便利化水平,显著降低照护成本,显著改善个体生命质量……这些迫切需求必将推动基于数字化、人工智能和生物科技的新产品、新服务、新模式和新生态的大量涌现,如虚拟养老院、照护机器人和抗衰老医学等。

李佳、王岳所著的《银发经济》一书,正是在以上两大动力引发和推动下的银发经济崛起之际及时出炉的。该书内容十分丰富,有认知、政策和宏观展望,有趋势、需求和产业分析,更有大量中外案例介绍,很好地展现了盘古智库老龄社会研究院和老龄社会 30 人论坛对银发经济的关注、交流和研究。此书对认识银发经济、投身其中和推动其转型都极具指导意义。

是为序。

梁春晓

盘古智库学术委员会副主任、老龄社会研究院首席专家

2024 年 5 月

PREFACE ◂ 前言

银发经济富矿难挖:潜力大,但误解多

这是一本以银发经济为主题的书,写给对银发经济感兴趣的和有志于投身于此的广大读者,希望能够帮助他们打开视野、看见可能、勇于探索并降低试错成本,最终在挑战中发现机遇,实现属于自己的商业创新和社会创新。

这不是一本理论书,而是一本充满鲜活案例和有趣创意的行动指南。例如,能不能将养老院开在商场里?"羊毛出在猫身上,马来买单"的流量变现模式如何应用于社区养老?面对新生事物,我们需要转变认知,认识到比定义更重要的是发展趋势"是什么",比经验更重要的是政策方向"什么样",比建议更重要的是同行者和先行者正在"怎么

做"。只有建立在认知转变上的系统重构，才能推动我们做到人无我有、人有我快、人快我深、人深我新。

本书的逻辑并不复杂，按照"提出问题—回答问题—激发思考"的逻辑框架，本书分为6章（包括绪论）。

绪论部分由外及内，主要阐释银发经济"是什么"。从人们对银发经济的诸多困惑入手，重点阐述银发经济的内涵与外延，以及它与养老服务市场化、养老产业、老龄产业、老龄经济等概念的联系与区别。

第1章至第4章由表及里，重点讲解银发经济"怎么做"。围绕如何开拓银发经济机遇这一核心问题，总结提炼出一套从认知到行动的理念和方法，并提出"四步走"的发展路径，即转变认知—看见可能—建立连接—立新破旧。

第5章由此及彼，重点展现已有的银发经济创新"什么样"。力图通过对国内外相关社会创新与商业创新的实证研究，为读者带来关于银发经济的新思维和新创意。

那么，为什么要写这样一本书呢？

困惑："朝阳产业"为何未见朝阳

伴随着人口老龄化的进程明显加快、程度不断加深、规模日益扩大，传统的人口金字塔结构正在发生根本性的改变。

我们看到，人口老龄化正在成为全社会关注的焦点和热点。各种关于"老"的政策法规相继出台，各种关于"老"的新闻频上热搜。关注人口老龄化的人群从个别专业人士扩展到全社会各个群体，所关注的视角从个人、家庭及其生活方式扩展到全社会的各个方面，所关注的领域从局部性的养老、人口政策、社会保障等民生问题扩展到全局性的经济、社会、文化、政治，以及城乡、区域和国际战略格局等几乎所有领域、所有层面。

在市场层面，各种以养老产业、康养产业、老龄产业为主题的发展规划接连出台，各种关于"养老产业园区""银发经济产业园区"的发展目标接踵而至，各种有关老年人生活、健康、金融状况的研究报告接续发布，特别是各种"老博会"在各个城市接连召开。这样的火热程度毫不逊色于此前最火的"人工智能"浪潮。

然而，热潮之下仍有很多迷茫与困惑。

令许多规划制定者感到为难的是，养老产业、老龄产业、老龄事业、银发经济，这些概念之间是什么关系？产业的上下游在哪里？产业园区应该怎样建？

令很多企业和机构感到焦虑的是，明明觉察到应该有所行动，可是不知从何下手，始终难以找到精准的切入点。

令更多已经投身其中的企业感到郁闷的是，自己设计的商业模式难以赢利，持续的投入使企业陷入难以取舍的困局。

对人口老龄化的深层认知不足

产生这些迷茫与困惑的原因，在于人口转变具有隐蔽性、渐进性、累积性、爆发性和长期性的特点。这就导致人们虽然感觉到了人口老龄化的冲击，但缺乏对这种冲击带来的影响的深层认知和理解。

以人们最关心的房地产为例，在人口老龄化的冲击下，"土地永远值钱"的神话已经在日本破灭。随着人口老龄化程度的加深，日本房地产市场呈现出供大于求的局面，越来越多的房产、地产不得不以零价格，甚至负价格——也就是倒贴钱出售。在日本，曾经炙手可热的不动产已经成为烫手的"负动产"，许多土地已经成为无人认领的"僵尸土地"。预计到2040年，日本的"僵尸土地"面积将达到7.2万平方公里，接近日本国土总面积的五分之一，累计经济损失将达到6万亿日元，[一]相当于近3000亿元人民币。

[一] 日本《朝日新闻》采访组.负动产时代[M].郎旭冉，译.北京：中国纺织出版社有限公司，2021.

在教育领域，黑龙江省2010～2021年全省小学招生人数减少了近一半（47%），在校生数量减少了近五分之二（38%），学校数量减少了近五分之四（79%），与之相对应，教职工人数和专任老师人数也分别减少了近一半（44.6%和45.4%）。[一]

这并非个案。教育部公布的数据显示，全国普通小学数量已从2012年的22.86万所持续缩减到2022年的14.91万所，10年间减少了7.95万所，也就是说，10年间已经有超过三分之一的小学停办了。特别是在农村，一些闲置或废弃的希望小学被改建成了养老机构。而在城市，有的职业培训学校已经将当年火热的"电子商务"专业改为了"智慧养老"专业。

实际上，人口老龄化的冲击远远不再局限于房地产和教育领域。从有史以来的年轻社会到前所未有的老龄社会，改变的不只是生理意义上的人口结构，还涉及对社会关系和社会文化的全方位影响。当各个年龄群体的世界观、人生观、价值观因一系列关于生命、传统、伦理和家庭的具体文化表现和社会行为重新构建时，基本的经济模式、生产方式、增

[一] 半月谈记者，熊丙奇、陈运香，等．人口新形势催动教育大变革（之三）"小班化"教学还远吗？［J］．半月谈，2023（13）：53-55．

长动力、核心要素、产业结构、收入分配和市场供需等都会发生重大调整和转变。

我们缺少的不是"发明"而是"发现"

对于身边正在发生的事，人们往往更加难以看见和察觉。这就是所谓的"灯下黑"。而认知上的不足，又会进一步加剧这一现象。

"灯下黑"现象的启示在于，正如我们在本书中所反复强调的，我们并不缺少"发明"，我们缺少的是"发现"。我们要拥有"看见可能"的能力。

例如在电商领域迅速崛起的拼多多，它的成功就离不开对老龄群体的重视和潜力的挖掘。

2019年"双十一"前夕，拼多多推出一则令人耳目一新的营销广告："以前'11·11'闺女教我怎么买，现在'11·11'我教闺女怎么拼。"这则广告一改人们对老龄群体不会上网、更不会网购的传统印象，第一次将老龄群体置于提供帮助者而不是被帮助者的位置。对此，有网民直呼广告词犀利精准。还有网民发问，不会用淘宝的老一代，为什么会用拼多多呢？

2021年，吉林长春一位63岁的"东北阿姨"辛丽霞受到多家媒体的关注。她在一年多的时间里在拼多多下单超过1800次,合计消费近7万元,几乎所有生活用品均购自拼多多。此外,她还是"拼小圈"里的分享达人,在一年多的时间里分享获赞超过2000次。㊀

目前,老龄群体已经成为互联网消费的新的增量来源。据京东统计,2023年"双十一"期间,卫浴安全扶手、坐式淋浴器、恒温花洒、智能报警器等为老人设计的卫浴产品销量同比增长8倍;带隐藏扶手辅助支撑功能的适老桌椅、防滑易清洁的马桶凳、洗澡椅等适老家具产品销量同比增长16倍。从2021年到2023年,仅京东一家适老扶手销量已突破70万件。㊁

除拼多多之外,抖音、快手、美篇、糖豆等的快速扩张,也都离不开老龄群体的强力支持。QuestMobile(北京贵士信息科技有限公司)发布的《2023中国移动互联网半年大报告》显示,老龄群体在即时通信领域的活跃渗透率已经达到89.3%,在综合电商领域的活跃渗透率已经达到

㊀ 封面新闻.比李雪琴妈妈更爱"砍一刀"的东北妈妈:一年1800单,乐坏小区快递员[EB/OL].(2021-05-24).https://baijiahao.baidu.com/s?id=1700605810502818160.

㊁ 观海新闻.青报观察丨适老化产品怎样持续上新"黑科技"?[EB/OL].(2023-12-25).https://baijiahao.baidu.com/s?id=1786206030294691337.

76.2%，在短视频领域的活跃渗透率已经达到71.2%，在地图导航领域的活跃渗透率已经达到57.7%，在支付结算领域的活跃渗透率已经达到44.8%。㊀

在我们的身边，越来越多的社会创新和商业创新正在不断涌现。我们最需要做的是重新聚焦，"发现"这些"涌现"，进而将其研究提炼为模式"展现"出来，以推动全社会的"实现"。这正是我们作为研究者的使命与责任。

这个"涌现—发现—展现—实现"的循环往复过程，恰恰是全社会从有史以来的年轻社会到前所未有的老龄社会所要走过的"适应—不适应—再适应"的转型过程。正如我们一直所强调的："老龄化不是问题，不适应才是问题。"

比宏观人口更重要的是微观的市场数据

要说我国人口老龄化的特点，几乎每个人都会首先想到四个字——未富先老。是的，与西方发达国家相比，我国在更早的发展阶段开始出现人口老龄化。不过，比"未富先老"更严峻的是"未备先老"。这个"未备"既体现为教育、

㊀ QuestMobile. 截至今年6月移动互联网月活用户为12.13亿，"大厂"地位仍在巩固［EB/OL］.（2023-08-02）. https://baijiahao.baidu.com/s?id=1773104200074655839.

医疗、住房、社会保障、养老服务体系上的准备不足，还体现为研究方法、研究理论和相关数据上的储备不足。

1982年3月，经国务院批准，我国成立了老龄问题世界大会中国委员会，国家劳动总局的副局长任主任，民政部、卫生部两个部委的副部长任副主任，20个部委司局级干部任委员。以此为标志，我国正式开始了对人口老龄化的研究和应对部署。

经过四十多年的摸索，我国对人口老龄化的基本态势、总体发展进程、宏观人口数据、应对的现实基础等一系列重大课题已基本摸清，为积极应对人口老龄化提供了重要依据。

但是，这些宏观的信息和数据并不适用于具体商业模式的设计。人口转变历程动辄长达几十年乃至上百年，企业寿命超过5年的却不足四成。比如在美国，62%的企业寿命不超过5年，中小企业平均寿命不到7年，能够活到50年的企业也只有2%。[一]很少有企业可以制定出未来10年或者几十年的营销方案。

当我们要选址开设一家纯商业的养老院时，首先要了解人口数据，特别是不同年龄群体的分布、健康、家庭、收支

[一] 谭超. 媒体统计数据显示：美国62%企业活不过5年[EB/OL]. (2013-08-06). http://finance.people.com.cn/money/n/2013/0806/c218900-22464842.html.

等具体数据。其次要了解的是周边配套资源，包括交通、医院、银行、商场、超市、餐馆、公园等，特别是步行15分钟、骑车15分钟、开车15分钟这三个不同"15分钟"范围内的各种资源。最后要了解的才是建筑的具体情况，包括土地性质、租金、面积以及运营成本等。只有充分了解了以上三方面的具体数据，才能开始设计养老院的运营模式。

而以上这些数据，特别是老龄人口相关数据，市场对其长期缺乏关注。造成的结果是，别说调查数据，就连调查的方法、对象、内容、路径都搞不清楚。

举个例子，2022年度我国电影总票房收入为300.67亿元。如果全国2.8亿老龄人口中能有80%的人每年看一次电影，按照普通电影发行票价30元来计算，全年票房潜力将超过67亿元，一旦挖掘出这一潜力，票房收入增幅将超过五分之一。但是，现在的票房数据统计只是将40岁及以上的观众划为一个年龄段。这样一来，我们连老龄观众在看哪部电影都不知道，又如何能进行研究和分析，更何谈如何制作出一部受老龄群体欢迎的电影呢？

没有具体数据的支持，企业必然不愿贸然行动，特别是规模越大的企业，越不愿意承担这样的风险。而小微企业即使甘愿冒九死一生的风险去探索，没有数据的支持也无法做大做强。

因此，我们常说地方政府要推动银发经济发展，授人以"鱼"不如授人以"渔"，即比提供补贴和各种优惠更重要的是提供全面详尽的具体数据。这样做，还能避开那些奔着补贴而来、滥竽充数的"南郭先生"，找到真正想要从事银发经济的企业和机构。

比微观数据不足更可怕的是误解和错觉

微观数据的不足，还会加剧我们对信息的误解，强化我们的错觉，也就是形成"知识幻象"。在近些年的产业发展中，"知识幻象"的伤害力甚至远远大于对数据的"未知"。

例如近年来舆论中经常出现的一个说法——"中国大约有4400万失能老人"。按照这个说法，我国14.1亿总人口（2023年底）中每100人中就有约3人是失能者，2.8亿60岁及以上老龄人口中每6.5人中就有1人以上是失能者。

我们都知道"一人失能、全家失衡"，如此高的失能比例，意味着我国的养老服务体系面临着巨大的供给不足。很多企业由此判断，养老院未来一定不缺客户，养老是一片空间巨大的蓝海市场。

其实，官方较为规范的表述是"中国大约有4400万失能和半失能老人"。失能比较好理解。按照国际通行标准，在吃饭、穿衣、上下床、上厕所、室内走动、洗澡6项指标中，1～2项做不了的为"轻度失能"，3～4项做不了的为"中度失能"，5～6项做不了的为"重度失能"。可"半失能"指的又是什么呢？这就没有一个统一的标准了。普遍的观点是，6项中有1～3项做不了的即为"半失能"。

这意味着，"中国大约有4400万失能老人"并不是指中国有4400万吃饭、穿衣、上下床、上厕所、室内走动、洗澡6项活动都存在困难的失能老人，而是指有4400万吃饭、穿衣、上下床、上厕所、室内走动、洗澡6项活动中某一项或几项存在困难的老龄群体。两者间的差异可谓天差地别。

2020年第七次全国人口普查中，共有25 523 101名60岁及以上老龄者对健康状况进行了自评，约占我国老龄人口总数（264 018 766）的十分之一（9.67%）。自评健康状况分为四类：健康、基本健康、不健康但生活能自理、生活不能自理。调查结果显示，自评健康的超过一半（54.64%），基本健康的接近三分之一（32.61%），不健康但生活能自理的约十分之一（10.41%），生活不能自理的不到3%（2.34%）。按此推算，我国生活不能自理老人的数量约为618万人，仅占总人口的0.4%。

从4400万的"失能"老人，到4400万有一项或几项困难的"失能和半失能"老人，再到618万"生活不能自理"的老人，其占比从占全国总人口的3%到0.4%，从占60岁及以上老龄人口的15.7%到2%。很多企业围绕养老设计的商业模式之所以败走麦城，一个重要原因就是对"失能"的误解和错觉。

通过上述案例，我们希望你明白的是，要想抓住银发经济的机遇，必须将老龄群体视为高品质、高价值的消费者和有经验的供给者。只有这样，我们才能通过银发经济在前所未有的老龄社会获得可持续发展的机会和可能。

人口老龄化正同全球化、城镇化、工业化、数字化一起，构成重塑人类社会的认知背景和基础力量。对人口老龄化、老龄社会的认知和适应能力正在成为企业新的核心竞争力。这是大势所趋，没有哪个人、哪个行业可以置身事外。

我们期待通过这本书，为你打开银发经济的大门。

目录 ◂ CONTENTS

赞誉

推荐序

前言

绪论　什么是银发经济　/1

　　老龄化：最受影响的其实是年轻人　/2

　　"银发经济"一词从何而来　/13

　　银发经济：比概念更重要的是理念　/33

第 1 章　转变认知：知易行难与知异行难　/39

　　老龄人口：金字塔的底层还是顶层　/40

　　随势而动：宏大进程中的新变化　/51

　　企业核心竞争力：认知更深，准备更充分　/58

案例分析：适老化就是把字放大吗　/69

第2章　看见可能：新老龄群体、新需求与新战略　/77

新老龄群体，新在哪里　/78

新需求："为了老人好"，但老人不认可　/81

新战略：积极应对，快速迭代　/92

案例分析：日本零售业如何玩转银发经济　/100

第3章　建立连接：借力而行　/109

老龄化，我们不一样　/110

连接之道　/120

案例分析："以地养老"能破解农村养老困境吗　/128

第4章　立新破旧：寻找第二曲线　/133

用新行为打破旧逻辑　/134

变化从未停止，你我都在局中　/143

案例分析：人工智能的春风已经吹来　/168

第5章　他山之石：无处不在的银发商机　/179

App适老化：界面vs功能　/180

代际数字鸿沟：填沟 vs 搭桥　/184

共享住房：双元 vs 多元　/187

老龄地产：郊区 vs 市区　/192

康养小镇：养老 vs 怀旧　/196

老龄金融：保险 vs 理财　/200

老年用品：设计 vs 需求　/205

老龄餐饮：价格 vs 价值　/209

老龄玩具：热点 vs 盲点　/213

老龄阅读：形式 vs 内容　/218

老年教育：教什么，怎么教　/222

老龄体育：从移开镜子开始　/226

社区养老如何实现"羊毛出在猫身上，马来买单"　/231

养老护理员紧缺如何解　/236

结语　/241

参考文献　/248

绪　论

什么是银发经济

　　银发经济与人口老龄化密不可分。人口老龄化的发展带来了银发经济的兴起，银发经济的兴起又为积极应对人口老龄化提供了新的机遇。

　　因此，要理解银发经济，首先要理解人口老龄化。

老龄化：最受影响的其实是年轻人

人口老龄化，指的是老龄人口在总人口中所占比例不断上升的动态发展趋势。对于人口老龄化，有人悲观地视之为洪水猛兽，对人类的未来充满担心；有人局限地视之为老年人的问题，与年轻人无关；还有人积极地视之为社会进步的成果，但对随之而来的挑战思考不足。

实际上，人口老龄化既是经济社会发展的产物，也是21世纪人类社会共同面临的重大课题。它事关老龄群体，更事关年轻群体；它涉及民生应对，更关乎经济发展；它发端于人口年龄结构的变化，带来的将是整个社会形态的大转型。

老龄与老年：一字之差，大不相同

生活中，我们可以把老龄化说成"老年化"吗？对于60岁及以上人口，我们可以将其统称为"老年人"或"老人"吗？

老龄与老年，虽然只是一字之差，意思却大有不同。

"老"这个字有很多种含义。一是资历深厚，像长老、阁老等。如唐代的狄仁杰，就被称作狄阁老。这个"阁老"，指的就是担任中书舍人（宰相）时间比较长的人。二是经验丰富，在某个方面是老手。如鼎鼎大名的福尔摩斯，就是一个破案的老手。三是年岁大，陈旧，如老脑筋、老房子等。还有一些引申含义，如炒菜炒老了，鸡蛋煮老了，等等。而老的所有含义中最为人们所熟知的，就是我们常说的年岁大——人"老"了。

其实，"人老了"有两个深层含义：一个是年龄上，也就是指"老龄"，"老龄化"的"老龄"；另一个是能力上，也就是指"老年"。

我们先来说"老龄"。耆艾，是我国最早被用来泛指老龄人的。《礼记》中就写有，"五十曰艾""六十曰耆"。此外，还有我们常听到的花甲之年——60岁，古稀之年——70岁等。这些都属于我国古代对老龄的界定标准。而在国际上，联合国在1956年发布的《人口老龄化及其社会经济后果》中，将65岁作为进入老龄的标准。1982年在维也纳召开的第一次老龄问题世界大会，正式确定"老龄"是指60岁以上。我们可以看到，老龄的标准相对明确，立场也比较客观。在英语中，老龄一般是用"aging"一词来表示。

与老龄相比，老年的标准就很模糊了，立场也比较主观。无论是国内还是国际，东方还是西方，对老年都没有非常清晰的标准界定。一个比较普遍的说法是："老年，一般指生物生命周期的最后一个阶段。"这个定义很有普遍性，即以生命周期来界定老年，泛指生物从出现衰弱特征到死亡的一个阶段。在英语中，老年一般是用"old age"一词来表示。

综上我们可以看到，老年是按照生命周期划分，老龄是按年龄划分（见表0-1）。老年界定标准模糊，老龄界定标准清晰。老年一词带有很强的主观性，老龄一词更强调客观性。老年将人指向人生的最后阶段，而老龄只是将人指向人生的一个必经阶段。

表 0-1 老龄与老年的比较

比较项	老龄	老年
定义	年龄，60岁及以上	生命周期
标准	清晰	模糊
性质	客观	主观
方向	人生必经阶段	人生最后阶段

以往，受疾病、战争、健康水平等多种因素的影响，人的寿命普遍很短，能活到五六十岁的人并不多。这也是我们常听到的那句"人生七十古来稀"的由来。同时，人在步入这个年龄后，无论是体力还是精力，都已经很难满足田地劳作或工厂流水线工作的要求了，只能退出社会生产。在这种情况下，当我们说"老了"时，年龄与能力、老龄与老年是统一的。

现在，人的寿命已经有了大幅提升。以前是人生七十古来稀，现在是人生七十很平常。同时，人的能力也变化了。一方面源于健康水平的提高，人们的精力和体力比过去增强了很多；另一方面源于信息化和智能化的发展，工作岗位对人的要求不一样了，工作强度降低了。

所以，当我们说老龄群体时，指的只是60岁或65岁以上的人，其范围已经远远大于以往能力上"老"了的老年人或老人了。

辨析"老龄"与"老年"的区别，看似有点咬文嚼字，实则大有意义。例如，当我们在说到老龄餐饮时，其实讲的是涉及所有60岁及以上人群的餐饮，而不是只涉及老人的老年餐饮。因为，针对前者，我们首先要考虑的是价格、口味、环境、地理位置等；针对后者，我们首先要考虑的是能不能咬动，营养是不是足够等。你看，这一字之差，就决定了不同的出发点、不同的范围、不同的思考方式。所以，关于老龄与老年的不同，我们是不是应该好好想清楚呢？

⊙ 拓展阅读

老龄究竟是 60 岁及以上还是 65 岁及以上

关于人口老龄化，国际上普遍认同的标准是：对一个国家或地区而言，60岁及以上老龄人口占比超过10%，或65岁及以上老龄人口占比超过7%，即意味着这个国家或地区进入老龄化。

为什么会有 65 岁及以上占比和 60 岁及以上占比这两个不同的标准呢?很多人以为,国际上原来提出的老龄标准是 60 岁及以上,后来因为老龄人口越来越多,就改为了 65 岁及以上。甚至有人将此作为推动延迟退休的依据。

实际上,联合国最早提出的标准是 65 岁及以上。1956 年,联合国发布了题为《人口老龄化及其社会经济后果》的报告。该报告提出,当一个国家或地区 65 岁及以上老龄人口占比超过 7% 时,则意味着这个国家或地区进入了老龄化。以 65 岁及以上为标准,是因为当时老龄化的国家或地区普遍以 65 岁作为退休年龄。

1982 年,第一次老龄问题世界大会在维也纳召开。会议确定了老龄化的新标准:当一个国家或地区 60 岁及以上老龄人口占比超过 10% 时,则意味着这个国家或地区进入了老龄化。从 65 岁降到 60 岁,出于两方面的考虑:一方面,发展中国家考虑到自身人口预期寿命和健康状态,普遍以 60 岁作为退休年龄;另一方面,西方国家在 20 世纪六七十年代为了应对经济危机、增加就业岗位和推动深度产业转型,普遍降低了退休年龄。如联邦德国在 1972 年就将退休年龄从 65 岁降到了 60～63 岁,并实行弹性退休制度。直到 2000 年,德国才将退休年龄调回 65 岁。

老龄化不是问题,而是趋势

生活中,"老龄化问题"是我们经常听到的一个词。但是,这个说法准确吗?我觉得,这个说法并不准确。准确的说法应该是"老龄化趋势"。为什么这么说呢?

首先,我们先来看一下什么是"问题"。总的来说,"问题"有以下 5 层含义。

一是要求回答或解释的题目。例如:如何应对老龄化的冲击,这是一个问题。

二是需要研究讨论并加以解决的矛盾、疑难。例如:老龄化带来了一系列的新问题。

三是关键、重要之点。例如:经济的可持续发展是应对老龄化的重点问题。

四是事故或麻烦。例如:那台机器又出问题了。

五是欠思考、不易被接受。例如:这个答案好像有问题?

那么,什么是"趋势"呢?

"趋势"一词,原指趋奉权力,现在多用来表示事物发展的动向,尤其是一种向着尚不明确的,或是模糊的、遥远的目标持续发展的总体运动。

接下来,我们回到"老龄化"。老龄化指的是老龄人口在总人口中所占比例不断上升的一种动态发展过程。这是问题吗?不是!这是一种趋势。这种趋势如何发生,如何发展,有何影响,这些才是问题。

为什么要在"老龄化是问题还是趋势"上刨根问底呢?同样是为了更好地理解和认识老龄化。

当我们讲"老龄化问题"时,我们采用的是"问题思维":我们认为老龄化是一种需要研究讨论并加以解决的矛盾、疑难,是一种事故或麻烦,是一种不好的东西。面对老龄化的发展,我们希望找出症结所在,对症下药,让它回到我们预先设计的轨道上来。

当我们讲"老龄化趋势"时,我们采用的是"趋势思维":我们认为老龄化是一种客观存在的现象,是一种发展的方向。但老龄化究竟走向哪里?我们并不清楚或者只是有一种模糊的认知。面对老龄化的发展,我们希望能够明势而行,应势而谋,因势而动,顺势而为。因为,应对挑战需要做好准备,抓住机遇更需要做好准备。

老龄化的关键并不是"养老"

老龄化、老龄社会、养老,这是我们经常会提到或听到的三个词。但是,这三者之间到底是什么关系,你能说清楚吗?

老龄化,指的是老龄人口在总人口中所占比例不断上升的动态发展趋势。推动老龄化的力量,主要来自长寿、少子、人口流动三个方面。只要和平与发展仍然是世界的主旋律,老龄化的趋势就不可逆转。

老龄社会,指的是老龄化推动和影响的结果,即人类社会在老龄化的持续推动和影响下,社会特征、关系、结构等各个方面发生的整体性、持久性和不可逆的变化,由此形塑的一种新型社会形态。

老龄社会与工业社会、信息社会相比,三者的相同之处在于,都是在某一动态发展趋势的持续推动和影响下,社会经历了一场从局部到整体,从适应到不适应,再从不适应到再适应的广泛且深刻的调整和转型。三者的不同之处在于,工业社会和信息社会的核心要素是技术变革,老龄社会的核心要素是人的变化。因此,相比工业社会、信息社会,老龄社会所带来的冲击将更加剧烈,影响将更加深远。

养老，原指中国古代的一种礼制，意为选择年老而贤能的人，按时供给酒食并加以礼敬。

据《礼记·王制》记载，"凡养老：有虞氏以燕礼，夏后氏以飨礼，殷人以食礼，周人修而兼用之"。这句话的意思是，从原始社会末期，也就是上古时代的有虞氏部落开始，中国人就有养老这一制度安排了。其中，有虞氏是"燕礼"，即邀请老人参加日常宴饮；夏朝是"飨礼"，一种更为隆重的宴饮方式；商朝是"食礼"，一种涵盖更加广泛的饮膳宴筵；周朝则是沿袭了上面的所有方式。

西周时期，养老还同慈幼、振穷、恤贫、宽疾、安富一道被列为"保息六政"，构成了此后完整福利体系的雏形。

为什么西周如此重视养老呢？原因很简单，按长幼之序，定尊卑之礼，让百姓有序可循，依礼办事，只有这样，国家才能安定。正如《礼记·乡饮酒义》所载："民知尊长养老，而后乃能入孝弟。民入孝弟，出尊长养老，而后成教，成教而后国可安也。"

总体来看，养老制度历史悠久，即使是现代，依然是社会福利保障制度的重要组成部分。

厘清老龄化、老龄社会、养老之间的关系，是为了消除现在社会上的一些错误认知。例如,一是将老龄社会转型这一涉及全社会所有人的全局性问题窄化为仅涉及老年人的局部性问题;二是将老年人问题进一步窄化为仅涉及老年人养老的局部性更强的民生保障问题。

老龄化、老龄社会、养老三者间的关系应该是:老龄社会是老龄化发展的结果,养老是老龄化发展带来的衍生问题(见图0-1)。

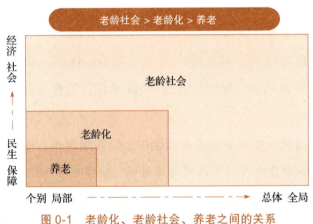

图0-1 老龄化、老龄社会、养老之间的关系

面对老龄化的冲击,我们需要站在社会转型的高度,推动人类社会从有史以来的年轻社会转向前所未有的老龄社会,直面挑战,把握机遇,充分做好各方面的准备。而养老,正是各方面准备的重要内容之一。

"银发经济"一词从何而来

关于银发经济，目前有很多种提法，例如养老服务市场化、养老服务业、养老产业、老年产业、老龄产业、老龄经济、银发经济、银发产业、银发市场、银光经济、不老经济，等等。如此多的提法，既充分体现了政府、社会和市场的关注程度之高，也反映出政府、社会和市场的诸多困惑。

那么，这些提法之间有什么样的不同？又有着怎样的联系呢？

对此，学术研究机构已取得了一些成果。不过，经济与政策密不可分，对于银发经济更是如此。因此，比起学术上的概念解释，我们在这里将更注重描述政策中的"银发经济"是什么？

根据相关政策文件出台的时间、背景、提法和内容，银发经济相关的各种概念的发展可以分为四个阶段或节点。

2000～2005年：事业伊始

1999年年底，我国60岁及以上人口达到1.31亿，占总人口比例超过10%。以此为标志，我国开始进入轻度老龄化阶段。

在此时期，人们对人口老龄化影响的认知主要是老年人规模的持续扩大。政府和社会普遍担忧，随着老龄群体的迅速增多，养老生活照料需求急剧增加，原有的养老生活照料机制在数量和质量上都将难以应对。

为此，政府在提供公办养老服务的基础上，开始鼓励社会和市场主体进入养老服务体系之中，以提供更高质量、更加多样化的养老生活照料服务。这就是我们最早在文件中所看到的老年服务社会化、市场化，以及养老服务社会化、市场化。

2000年8月，中共中央、国务院出台《关于加强老龄工作的决定》(以下简称《决定》)，提出"积极发展老年服务业"，并明确指出老年服务体系包括六项主要内容：老年福利、生活照料、医疗保健、体育健身、文化教育和法律服务。《决定》还提出："老年服务业的发展要走社会化、产业化的道路。鼓励和引导社会各方面力量积极参与、共同发展老年服务业，逐步形成政府宏观管理、社会力量兴办、老年服务机构按市场化要求自主经营的管理体制和运行机制。"

2001年7月，国务院印发《中国老龄事业发展"十五"计划纲要（2001—2005年）》（以下简称《纲要》），将"坚持老龄事业与社会主义市场经济体制相适应"作为六项指导原则之一，并沿用了"推动老年服务业走社会化、产业化道路"的提法。

《纲要》中还第一次出现了"老年产业"一词，要求"大力推进老年福利事业社会化、产业化和法制化进程。在坚持政府主导，加大对老年福利事业投入的同时，要充分运用市场机制，动员社会各方面力量广泛参与。计划、财政、工商、税务、物价、国土、建设和民政等部门要制定优惠扶持政策，鼓励社会团体、民办非企业单位、私营企业和国内外人士投资老龄事业，发展老年产业，满足不断增长的老年群体对设施、产品与服务的需求"。

总体来看，老年服务社会化、市场化带来了以下三个好处。

一是推动了供给主体多元化。在民政部门主办的社会福利院之外，出现了非营利社会组织、社会企业和企业等各种类型的主体，也就是现在的公办公营、公办民营、民办民营等形式的组织。

二是实现了供给数量快速增长。与我国刚刚步入轻度老龄化之时相比，到2022年年底，我国共有各类养老机构和设施38.7万个,较2000年(4.0万个)增长了近9倍;养老床位合计829.4万张,较2000年(113万张)增长了6倍多。○㊀

三是推动了供给内容多样化。这个多样化首先反映在服务价格上,低、中、高等各类收费水平的养老院迅速出现在市场上;其次反映在服务内容上,出现了针对活力老人、失能老人或者是阿尔茨海默病患者的各种专门的养老院。

◉ 拓展阅读 ●

高价养老院不等于高端养老院

在这里,我还想澄清一个关于养老院的误区,即高价养老院与高端养老院并不是一回事!

很多养老院每月收费在2万元以上,可谓不折不扣的高价养老院。但是,高价并不意味着高端。高价养老院往往隶属于大型企业或集团,实力雄厚,能够配套价格高昂的硬件设施,主要体现在整体环境上绿化好、空地多、面

㊀ 民政部全国老龄办. 2022年度国家老龄事业发展公报[EB/OL].(2023-12-14). https://www.mca.gov.cn/n152/n165/c1662004999979996614/attr/315138.pdf.

积大。但在很多设施的细节上并不一定到位,如沙发的软硬度、座椅的高低水平、地板的防滑度、尖角的去除情况、卫生间和厨房的适老化程度,等等。另外,高价养老院的服务水平往往更强调服务的标准化,在精细度特别是情感关注上的投入有限。

指出"高价不等于高端"这一情况的目的,一方面是希望人们了解,高端养老院不仅限于高价养老院,还存在很多收费不高、服务很好的养老院;另一方面是鼓励更多的养老院不要因为收费价格不高就将自己归为中端甚至是低端养老院,而是应该大声地告诉自己的团队和顾客:"我们不是高价养老院,但我们可以是高端养老院!"

例如,社会福利院是为有特殊贡献和特殊困难的人士提供兜底保障的机构,收费低廉甚至免费是其特征之一。但是,很多社会福利院的服务水平甚至可以超过高价养老院。请注意,不是媲美,而是超过!我们曾经参观的某市一家区级的社会福利院,每层楼都设置了不同的主体颜色,不同老人的房门上贴着有温度的提示语,在设施和服务上也让人耳目一新、倍感温馨。

2006～2011年：行业推动

2013年被很多人称为中国养老服务业或养老产业元年。实际上，这个时间应该是在更早的 2006 年。

2005 年，国家民政部制定下发了《关于支持社会力量兴办社会福利机构的意见》，并开展了养老服务社会化示范活动。当年年末，我国 65 岁及以上人口超过 1 亿人（10 045 万人）[一]，80 岁以上高龄人口达到 1300 多万[二]，而此时全国收养性福利床位只有 163.9 万张[三]。

2006 年 2 月，国务院办公厅转发了由全国老龄委办公室、发展改革委、教育部、民政部、劳动保障部、财政部、建设部、卫生部、人口计生委、税务总局 10 部门提出的《关于加快发展养老服务业的意见》。这份文件中首次出现了"养老服务业"一词，并给出了解释："养老服务业是为老年人提供生活照顾和护理服务，满足老年人特殊生活需求的服务行业。"

[一] 中华人民共和国国家统计局. 2005 年全国 1% 人口抽样调查主要数据公报［EB/OL］.（2006-03-16）. https://www.stats.gov.cn/sj/tjgb/rkpcgb/qgrkpcgb/202302/t20230206_1901996.html.

[二][三] 中华人民共和国民政部. 2005 年民政事业发展统计公报［EB/OL］.（2006-04-03）. https://www.mca.gov.cn/n156/n189/c93370/content.html.

这份文件在关注养老生活照料的同时，还关注到了老年用品的重要性，将老年用品作为六项工作重点之一，提出"促进老年用品市场开发"，具体行动包括："制定鼓励措施，引导企业开发、生产老年人特殊用品，促进老年用品市场发展，满足老年人的多方面需求。"

同年3月，《中华人民共和国国民经济和社会发展第十一个五年规划纲要》在第三十八章"全面做好人口工作"的第三节"积极应对人口老龄化"中写道："积极发展老龄产业，增强全社会的养老服务功能，提高老年人生活质量，保障老年人权益。"这是"老龄产业"一词首次出现。

同年12月，中共中央、国务院《关于全面加强人口和计划生育工作统筹解决人口问题的决定》中再次使用"老龄产业"一词，提出"大力发展老龄产业，建立满足特殊需求的老年用品和服务市场"。随后，国务院办公厅印发的《人口发展"十一五"和2020年规划》中也沿用了这一提法。

从养老生活照料到老年用品，是养老服务业由软服务到软硬兼顾的必然选择。新建更多的养老院，必然要配置老年用品；老龄人口的增加，也需要更多的相关用品。但是当时国内老年用品并不多，很多都是由残疾人用品转化而来的。养老服务业和老龄产业的提出，推动了产品研发和市场发展。

2012～2019年：产业浪潮

我国劳动年龄人口在2011年前后达到峰值9.40亿后，于2012年开始出现下降。2012年年末，我国60岁及以上人口接近2亿，占总人口比例从十分之一增长到七分之一。当时全国各类老龄服务机构总床位数为416.5万张，每千名老年人拥有养老床位仅有21.5张，与发达国家每千名老年人拥有50～70张养老床位的水平相距甚远。

在这样的背景下，一系列推动养老产业和老龄产业发展的政策文件密集出台。

2012年7月，民政部下发了《关于鼓励和引导民间资本进入养老领域的实施意见》（以下简称《意见》），文中首次提到"养老产业"一词："鼓励民间资本参与养老产业发展。"《意见》将养老产业的主要内容概括为：老年生活服务、医疗康复、饮食服装、营养保健、休闲旅游、文化传媒、金融和房地产等。

同年11月，党的十八大报告明确提出，积极应对人口老龄化，大力发展老龄服务事业和产业。

12月12日，国务院印发的《服务业发展"十二五"规划》将养老服务业与商贸服务业、文化产业、旅游业、健康服务业、法律服务业、家庭服务业、体育产业、房地产业一道列入生活性服务业，并就养老服务业设有专段论述。

12月28日，新修订通过的《中华人民共和国老年人权益保障法》也使用了"老龄产业"，规定："国家采取措施，发展老龄产业，将老龄产业列入国家扶持行业目录。扶持和引导企业开发、生产、经营适应老年人需要的用品和提供相关的服务。"

○ 拓展阅读

《服务业发展"十二五"规划》中关于养老服务业的内容

《服务业发展"十二五"规划》第三章"服务业发展重点"的第二节"大力发展生活性服务业"专门介绍了养老服务业：

引入多种形式的市场主体，培育发展专业化的养老服务机构，鼓励民间资本和境外资本开发养老服务项目，参与养老服务设施建设和运营，积极扶持非营利性社会组织和中小型养老服务企业创新发展。大力拓展养老服务领域，逐步实现从基本生活照料向健康服务、辅具配置、康复护理、精神慰藉、法律服务、紧急救援等方面延伸。大力发展社区照料服务，推进日间照料中心、托老所、老年之家、互助式养老服务中心等社区养老设施建设。发挥养老服务产业链长、涉及领域广的特点，推动养老服务与餐饮、服装、营养保健、休闲旅游、文化传媒、金融和房地产开发等相关产业互动发展。加强老年护理人员培养培训，推行养老护理员职业资格考试认证制度，提高其职业素养和服务水平。培育形成一批具有知名品牌和较强竞争力的养老机构，促进养老服务企业规模化、品牌化和网络化发展。健全养老服务市场准入、退出和监管制度。"十二五"时期，养老服务业规模显著扩大，社会化养老覆盖率明显提高，基本建立以居家为基础、社区为依托、机构为支撑的社会养老服务体系，推动实现老有所养。到2015年，每千名老年人拥有养老床位数量达30张。

2013年9月，国务院印发《关于加快发展养老服务业的若干意见》（以下简称《意见》）。与 2000 年 8 月出台的中共中央、国务院《关于加强老龄工作的决定》相比，老年服务业的提法变成了养老服务业。一脉相承的是，两份文件都没有局限于单一的老年生活照料。

《意见》提出了"产业规模显著扩大"的发展目标，具体内容包括两个层次：一是以老年生活照料、老年产品用品、老年健康服务、老年体育健身、老年文化娱乐、老年金融服务、老年旅游等为主的养老服务业全面发展，养老服务业增加值在服务业中的比重显著提升，全国机构养老、居家社区生活照料和护理等服务提供 1000 万个以上就业岗位。二是涌现一批带动力强的龙头企业和大批富有创新活力的中小企业，形成一批养老服务产业集群，培育一批知名品牌。

《意见》中还再次提及了"养老产业"一词，并将"培育养老产业集群"纳入六项主要任务之一的"繁荣养老服务消费市场"，要求"各地和相关行业部门要加强规划引导，在制定相关产业发展规划中，要鼓励发展养老服务中小企业，扶持发展龙头企业，实施品牌战略，提高创新能力，形成一批产业链长、覆盖领域广、经济社会效益显著的产业集群。健全市场规范和行业标准，确保养老服务和产品质量，营造安全、便利、诚信的消费环境"。

自此，养老服务业、老龄产业、养老产业等词开始频繁见诸报端，并成为"朝阳产业"，也因此迎来了新一轮快速发展，备受企业青睐。同时，老年服务社会化、市场化的提法也逐渐演变为养老事业与养老产业并重、老龄事业和产业协调发展等。

2020年：银发经济元年

"银发"是白发的雅称，古语中经常用来指代"老了"的意思。20世纪70年代，为了避免老年人对"老"字的反感，日本开始使用"银发族"一词，并由此衍生出了"银发消费""银发市场""银发营销""银发产业""银发商机"等概念。进入21世纪后，欧美国家也陆续提出"silver economy"（银发经济）、"gray-hair economy"（白发经济）、"longevity economy"（长寿经济）、"silver market"（银发市场）等概念。除此之外，我国台湾、香港地区还有"银光经济""不老经济"等译法或提法。

2015年起，"银发经济"一词开始在国内的一些媒体和官方讲话中出现。如2016年9月时任人社部部长尹蔚民在"劳动世界的未来高级别三方对话会"上就提到，推动发展银发经济，积极应对人口老龄化挑战。他还提出，通过银发经济创造更多就业岗位，把老龄化带来的不利影响降到最低。[○]

2018年，我国人口年龄结构出现历史性拐点。当年年末，我国60岁及以上老龄人口数量和占比首次超过0～15岁少儿人口；出生人口数量和出生率开始一路走低；劳动年龄人口降至9亿以下。[○]人口老龄化的影响已明显从民生向就业、经济等各领域扩展。

2019年11月，中共中央、国务院印发《国家积极应对人口老龄化中长期规划》，提出积极应对人口老龄化是实现经济高质量发展的必要保障。

2020年5月，政府工作报告首次将发展养老服务和推动城镇老旧小区改造作为拉动消费、促进经济增长的重大行动，纳入扩大内需战略。

同年10月，中国共产党第十九届中央委员会第五次全体会议公报提出"实施积极应对人口老龄化国家战略"，

○ 中华人民共和国人力资源和社会保障部."劳动世界的未来高级别三方对话会"在京举行［EB/OL］.（2016-09-06）.http://www.mohrss.gov.cn/wap/xw/rsxw/201609/t20160906_246597.html.

○ 李希如.人口总量平稳增长，城镇化水平稳产提高［EB/OL］.（2019-01-23）.https://www.stats.gov.cn/xxgk/jd/sjjd2020/201901/t20190123_1764778.html.

积极应对人口老龄化正式上升为国家战略。同时,《中共中央关于制定国民经济和社会发展第十四个五年规划和2035年远景目标的建议》审议通过,首次提出"发展银发经济"。

此后,"银发经济"一词开始频繁出现在国家文件之中。

2021年3月,《中华人民共和国国民经济和社会发展第十四个五年规划和2035年远景目标纲要》出台,提出"发展银发经济,开发适老化技术和产品,培育智慧养老等新业态"。

同年5月,国家统计局局长宁吉喆在"第七次全国人口普查数据公布"新闻发布会上就人口老龄化的机遇表示:"人口老龄化促进了'银发经济'发展,扩大了老年产品和服务消费,还有利于推动技术进步。"

11月,中共中央、国务院印发《关于加强新时代老龄工作的意见》(以下简称《意见》)。《意见》将积极培育银发经济置于很高的位置,并列于健全养老服务体系、完善老年人健康支撑体系、促进老年人社会参与、着力构建老年友好型社会,成为新时代老龄工作的五大工作任务之一。《意见》中还出现了"老龄产业""适老产业"等提法,但都置于"银发经济"之下。

"银发经济"为何突然受到重视？哪些是国家要发展的"银发经济"？在关于《意见》的新闻发布会上，国家发展改革委社会发展司负责人郝福庆的两段话非常重要。

就银发经济的背景，郝福庆表示，"我国的老年人规模大，发展速度快，面临挑战的同时也蕴含着发展机遇，银发经济就是其中的重要方面。在老龄化程度高的一些发达国家，银发经济已经成为重要的支柱产业"。㊀

就银发经济的内涵，郝福庆表示，"银发经济，其实顾名思义，就是面向老年人提供多层次、多样化产品和服务的经济。这包括传统的'衣、食、住、行、用'这些实物消费，也包括长期照护、健康管理、医疗保健、护理康复、家政服务、养老金融等服务消费，还有文化、艺术、体育、休闲、娱乐等'诗和远方'这些新型消费，以及科技赋能下的智慧产品和服务，还有居家和公共场所的适老化改造，可以说是涵盖了国民经济的很多领域，内容非常丰富，产业链也很长"。

㊀ 国务院新闻办公室2021年12月9日新闻发布会介绍《中共中央 国务院关于加强新时代老龄工作的意见》有关情况[C/OL].（2021-12-09）. http://www.nhc.gov.cn/xwzb/webcontroller.do?titleSeq=11414&gecstype=1.

12月,《"十四五"国家老龄事业发展和养老服务体系规划》(以下简称《规划》)发布。《规划》与《意见》一脉相承,提出"大力发展银发经济"。这在养老五年发展规划中是首次提出。《规划》还将"大力发展银发经济"与"织牢社会保障和兜底性养老服务网""扩大普惠型养老服务覆盖面""强化居家社区养老服务能力""完善老年健康支撑体系""践行积极老龄观""营造老年友好型社会环境""增强发展要素支撑体系""维护老年人合法权益"并列为九方面具体工作任务。《规划》中也提到了老龄产业、养老产业等说法,但高度明显低于银发经济。《规划》还提出,规划布局一批银发经济重点发展区域,包括在京津冀、长三角、粤港澳大湾区、成渝等区域,规划布局10个左右高水平的银发经济产业园区;在全国打造一批银发经济标杆城市等具体目标。

2022年12月,中共中央、国务院印发了《扩大内需战略规划纲要(2022—2035年)》,将发展银发经济列入"全面促进消费,加快消费提质升级"之中。

2023年5月召开的二十届中央财经委员会第一次会议也提出,"要实施积极应对人口老龄化国家战略,推进基本养老服务体系建设,大力发展银发经济"。国家发展改革委社会发展司司长刘明在接受新华社记者专访时就此表示,"老龄化也同样蕴含发展机遇,比如银发经济潜力巨大""加快培育银发经济,实现增进老年人福祉、扩大内需消费、发掘经济新动能一举多得"。

同年7月,国家发改委社会发展司向社会公开征集"推进银发经济发展"的建议。8月,国家发展改革委组织召开推动银发经济发展座谈会。银发经济相关企业、金融支持机构、行业协会组织等13家单位的负责同志交流了相关产业发展情况、面临问题,并就完善政策措施提出建议。会议指出,老龄化是我国未来一段时期的基本国情,银发市场迎来广阔空间。把握时机,顺势而为,大力发展银发经济,有利于实现增进老年人福祉、扩大国内消费、发掘经济新动能一举多得,更好推动以人口高质量发展支撑中国式现代化。

11月,第六届中国国际进口博览会虹桥国际经济论坛还设立了题为"银发经济:全球人口老龄化的新机遇"的分论坛。

12月,中央经济工作会议召开,将"发展银发经济"列为2024年的九项重点工作内容之一。

2024年1月5日,国务院总理李强主持召开国务院常务会议,会议强调,发展银发经济是积极应对人口老龄化、推动高质量发展的重要举措，既利当前又惠长远。1月15日，国务院办公厅以国办发〔2024年〕1号文件印发《关于发展银发经济增进老年人福祉的意见》（以下简称《意见》）。这是国家首个支持银发经济发展的专门文件。《意见》指出，银发经济是向老年人提供产品或服务，以及为老龄阶段做准备等一系列经济活动的总和，涉及面广、产业链长、业态多元、潜力巨大。

与银发经济相比，"老龄经济"的学术色彩更加浓厚。学术界很早就开始了对老龄经济的研究。20世纪40年代，部分欧洲学者就已经开始从经济的角度，探讨年龄结构变化所产生的影响。如今，老龄经济已涉及人口学、社会学、经济学等诸多学科，宏观上重点研究的是人口老龄化对经济社会可持续发展的挑战和所带来的机遇，老龄社会下经济学理论的转型与创新；微观上重点研究的是延迟退休、养老金、生育政策等。

事业—行业—产业—经济

梳理政策，我们可以看到，上述诸多概念虽然说法相近、互有联系，但本质上还是有很大区别的（见表0-2）。这种联系与区别，恰恰反映出我国政府对人口老龄化的认知在不断提升,并呈现出一条"事业—行业—产业—经济"的递进式发展脉络。

表 0-2 不同时期不同概念涉及内容的比较

时间	文件标题	概念	主要内容
2000 年 8 月	中共中央、国务院《关于加强老龄工作的决定》	老年服务体系	老年福利、生活照料、医疗保健、体育健身、文化教育和法律服务
2012 年 7 月	民政部《关于鼓励和引导民间资本进入养老领域的实施意见》	养老产业	老年生活服务、医疗康复、饮食服装、营养保健、休闲旅游、文化传媒、金融和房地产等
2013 年 9 月	国务院《关于加快发展养老服务业的若干意见》	养老服务业	老年生活照料、老年产品用品、老年健康服务、老年体育健身、老年文化娱乐、老年金融服务、老年旅游等
2021 年 11 月	中共中央、国务院《关于加强新时代老龄工作的意见》	银发经济	实物消费:衣、食、住、行、用 服务消费:长期照护、健康管理、医疗保健、护理康复、家政服务、养老金融等 新型消费:文化、艺术、体育、休闲、娱乐等 智慧产品和服务 居家和公共场所的适老化改造

养老服务的社会化、市场化的提出是为了推动事业发展,重点是增加养老生活照料服务的供给,强调的是老人的生存需求。

养老服务业、老年服务业的提出是为了推动行业发展，重点是从单一的养老生活照料服务向医疗、健康、文化、法律等多种相关服务拓展，强调的是老人不仅有生存需求，还有成长需求、关系需求等多方面需求，这也是养老与老年这两个概念的区别所在。

养老产业、老龄产业的提出是为了推动产业发展，重点是形成完整的产、供、销体系，鼓励更多的市场主体加入其中，提供更加成熟、丰富的技术、产品或服务，强调的是人口年龄结构转变对消费的影响。与"老年"一词更强调人处于生命末期相比，"老龄"一词更强调人进入某一年龄阶段，因此涵盖的范围更加广泛。

还需要注意的一点是，与养老服务业、老年服务业关注"老人的需求"不同，养老产业、老龄产业关注人对于"老"的各种需求，范围更广。例如，一个人要想在步入老龄期后保有充裕的财富，从年轻时就要有所准备。

银发经济和老龄经济的提出都是为了推动经济发展，重点都是经济社会的可持续发展，强调人口年龄结构转变对消费、生产、分配、交换等经济活动各环节的影响。

银发经济与老龄经济的区别，可以被简单地理解为：银发经济强调的是人口老龄化对经济发展的影响；而老龄经济强调的则是人口老龄化对整个经济的重塑，包括经济制度、经济理论、经济发展模式等所有层面。

银发经济与老龄产业的区别在于，老龄产业关注的更多是老龄化带来的市场机遇，而银发经济除此之外，还关注人口老龄化带来的挑战。例如，如何更好地发挥老龄员工的作用？如何帮助他们提升自身的核心竞争力？

因此，按照涉及范围从大到小的顺序，各个概念之间的关系是"老龄经济＞银发经济＞老龄产业＞养老产业＞养老服务业＞养老服务社会化、市场化"。

银发经济：比概念更重要的是理念

在前文中，我们讲述了"一组"与银发经济相关的概念，重点介绍了它们是怎样出现在政策和文件之中的，彼此间又有着什么样的联系与区别。

你应该会注意到，我们一直没有给出银发经济的概念。为什么呢？因为我们认为，概念的模糊性很有必要。特别是对一个正处于连续变化中的新事物来说，一切尚未定义，一切皆有可能。过早地定义它，反而会破坏创新的空间。

银发经济恰恰就是这样的新事物。

特别需要注意的是,很多地方和企业对银发经济的认知还停留在养老服务业或者养老产业的层面上,甚至局限于最早的养老服务市场化,严重束缚了自己的头脑和手脚,结果就是"抱着金碗要饭,身居宝山缺钱",捉襟见肘,处处碰壁。

虽然没有一个概念上的解释,但是对于什么是银发经济?我们可以从三个维度来理解。

今天:老人多了,需求自然就大

从低维度来看,发展银发经济的重点任务是满足老龄人口快速增长的多种需求。

老龄人口的快速增长,必然会带来老龄用品、老龄服务等消费需求的一系列变化。围绕这些变化,企业不仅可以结合自身的业务优势,将老龄群体拓展为新用户,还可以针对老龄群体的需求开发新产品和新服务。

在日本,7-11的顾客年龄发生了明显变化:1989年时,30岁以下的顾客占63%,50岁以上的顾客仅占9%;到2011年时,30岁以下的顾客占比下滑至33%,50岁以上的顾客占比上升至30%。

在美国,新车三分之二的购买者年龄在50岁以上,苹

果手表购买者的平均年龄是 42 岁且在不断上升。○

与年轻群体相比,老龄群体在消费方面呈现出很多不同特点:一是更多地为家人消费,如为孙辈买玩具,为全家买蔬菜水果;二是更多地关注产品、服务的品牌和质量,如购买老字号的食物、大品牌的家用电器等;三是更注重产品、服务的功能性和实用性,如注重保健食品的作用、家庭用品的便捷性和耐用性等;四是更易受价格因素的影响,如容易受特价、清仓的吸引而消费;五是更易受身心接触的影响,如对老龄群体而言,线下营销比线上营销的效果更好。

具体以老年用品为例,其范围已不再局限于传统认识上的拐杖、轮椅、助听器、老花镜等单一产品,而是已经涉及服装鞋帽、家具、电子设备、休闲娱乐、保健康复、食品药品等大部分行业和领域。第一财经商业数据中心与天猫美食联合发布的《2020 天猫成人奶粉行业趋势报告》显示,2020 年 3 月成人奶粉市场整体涨幅超 98%,中老年奶粉增长高达 142%,是消费订单量增速最高的一个细分品类。◎

○ 舒尔曼. 超龄时代:未来人口问题解读[M]. 王晋瑞,译. 北京:中国对外翻译出版公司,2023.
◎ 第一财经商业数据中心. 2020 天猫成人奶粉行业趋势报告[R/OL].(2020-12-28). https://www.cbndata.com/report/2508/detail?isReading=report&page=1.

明天：三人行必有一老，催生主体创新

从中维度来看，发展银发经济的重点任务是适应人口老龄化的快速发展。

在年轻社会中，老龄人口数量有限，占总人口的比重很低。我们往往将老龄群体置于社会之外，单独考虑其生活与生存。

在老龄社会中，老龄人口数量增长，占总人口的比重很高，我们必须将老龄群体置于社会之内，综合考虑各年龄群体的生活与生存。

以我国为例，从1999年步入老龄社会，到2020年第七次全国人口普查，60岁及以上人口占比从约十分之一增长到近五分之一。预计到2035年，这一比例将达到三分之一。也就是说，每3个人中就有1个是60岁以上的老龄者。这样的人口年龄结构，意味着我们不可能像以往一样，将老龄群体置于社会之外，单独考虑他们的生产和生活了。

为此，我们需要催生新人群、新职业和新组织的主体创新；促进新技术、新主体、新连接交换的关系创新；发展面向全龄群体的商业模式和产品、服务创新。例如，思考如何开发老龄群体价值，盘活老龄群体资源；如何推动

全社会的适老化；如何为年轻人谋划一个未来可期的老龄生活；等等。

以 1962～1982 年出生的人为例，他们将从 2022 年起陆续步入老龄，但这些人与以往的老龄群体相比有着全新的特征，他们有着更强的购买力，也有着更强烈的购买愿望、要求和动机，正在成为新一代和新新一代的老龄群体。

再以老龄网民为例，中国互联网络信息中心发布的第 47 次、第 48 次《中国互联网络发展状况统计报告》显示，截至 2021 年 6 月，我国 10.11 亿网民中 60 岁及以上网民群体占比达到 12.2%，老年网民达到了 1.23 亿人，与一年前的 1.11 亿人相比增加了约 1200 万人。

美团统计数据也显示，在 2020 年 10 月 8 日至 2021 年 10 月 7 日期间，50 岁以上的线上消费者数量同比增长 46.7%，是所有以年龄划分的消费者群体中增长最快的。㊀

后天：牵一发动全身，重新构建供需适配

从高维度来看，发展银发经济的重点任务是围绕老龄社会的大转型求突破。

㊀ 电商报. 美团：2021 年 50 岁以上线上消费者数量同比增长 46.7% [EB/OL].（2021-10-14）. https://www.dsb.cn/162628.html.

老龄社会的表征是人口年龄结构的趋势性变化，实质是长寿、少子、人口流动、单身、人机结合等种种关乎人的基础性变化，以及与政治外交、国家安全、经济发展、社会和谐、文化传统、利益分配等调整相叠加的复杂性变化。

我们要发展银发经济，核心是探寻老龄社会背景下如何实现经济可持续发展的长期性、全局性解决方案。例如，开展经济发展理论的创新、供需格局的变化、发展战略的调整、商业模式的转换等方面的一系列重大课题研究活动。

全国老龄工作委员会发布的《中国老龄产业发展报告》预测，到 2050 年，我国老龄人口的消费潜力将增长到 106 万亿元左右，占 GDP 的比例将增长至 33%，我国将成为全球老龄产业市场潜力最大的国家。

简而言之，发展银发经济，短期目标是重新构建新的供需适配，实施主体是企业；中期目标是重新构建新的商业模式，实施主体不仅包括企业，还包括政府；长期目标是重新构建新的经济格局，实施主体是全社会。

因此，发展银发经济，不能局限于企业，更不能局限于单一的市场行为，而是必须站在全新的高度，以全面的认知推动全方位的实践。

第 1 章

转变认知
知易行难与知异行难

现代管理学之父彼得·德鲁克曾说，没有什么比正确地回答错误的问题更危险。

银发经济发展缓慢，很多人将其归结为知易行难。但正如前面我们反复说的，真正的问题不是知"易"，而是知"异"。很多人依然停留在年轻社会的传统思维定式上，对人口老龄化和老龄社会的到来存在严重的认知不足和知识幻象。

只有当我们能够更好地理解人口老龄化的成因和影响，以及我国人口老龄化发展的现状和特征，特别是老龄群体的自身变化时，我们才能及时做出正确的反应，理解从哪里开启银发经济之路。

老龄人口：金字塔的底层还是顶层

对原因的认知决定了我们的态度。如果我们不理解人口老龄化的成因，就很容易产生正面或负面的态度，进而产生认知上的偏差。绪论中我们提到"老龄化不是问题，而是趋势"，目的就在于此。

总体来看，老龄化出现的原因是多方面的，如工业化、城市化、信息化、全球化程度的不断提高，经济的不断发展，科技的不断进步。在这些因素的共同作用下，以发达国家为首的世界上绝大多数国家的人口都在从高出生、高死亡、低寿命、低流动转向低出生、低死亡、高寿命、高流动。这种转变，使传统的人口年龄金字塔结构发生了重大变化，老龄化趋势开始显现。

长寿："发动机"

经济社会的发展、生活水平的提高和医疗技术的进步，带来了婴儿死亡率的下降和人口平均预期寿命的延长。随着人们的寿命越来越长，老龄人口自然增多，由此推动着人口年龄金字塔顶部不断扩大。

从全球范围来看，全球人口寿命将进一步延长。根据联合国发布的《世界人口展望2022》报告，2019年全球新出生人口预期寿命达到72.8岁，比1990年增加了近9岁，预计到2050年将进一步增加达到约77.2岁。2021年，受新冠疫情的影响，新出生人口平均预期寿命由2019年的72.8岁下降到71.0岁。另一项指标——65岁人口的预期寿命于2019年为82.5岁，比20世纪50年代初的同龄人多了6.2年，预计到2050年将达到84.8岁。

从中国的情况看，中国新出生人口的平均预期寿命在1949年只有约35岁，1957年达到57岁，1981年增至67.8岁，2000年升至71.4岁，短短的51年间增长了2

倍多，增长的幅度远远超过发达国家和世界平均水平。从 2015 年到 2019 年底，中国新出生人口的平均预期寿命从 76.34 岁提高到 77.93 岁，4 年间提高了 1 岁多。未来，中国新出生人口的平均预期寿命将于 2025 年再提高 1 岁，也就是 78.93 岁，并在 2035 年达到 80 岁以上。[⊖]

少子："加速器"

与寿命延长同步而来的，还有少子。受工作、生活、文化等多方面因素的影响，全球生育率持续下滑。这导致人口年龄金字塔在顶部不断扩大的同时，底部持续缩小，又进一步加速了老龄化的步伐。

从全球范围来看，多数国家和地区的生育水平都在下降，越来越多国家和地区进入低生育水平阶段。根据《世界人口展望 2022》报告，2021 年，世界人口的总和生育率为 2.3，不到 1950 年水平（5.0）的一半。预计到 2050 年，全球总和生育率将进一步下降至 2.1（见表 1-1）。

⊖ 国务院办公厅. 关于印发"十四五"国民健康规划的通知：国办发〔2022〕11 号 [A/OL].（2022-4-27）. https://www.gov.cn/gongbao/content/2022/content_5695039.htm?eqid=a14e56ee0001f0110000000264741cc4.

表 1-1　1990 年、2021 年、2050 年全球各区域总和生育率

地区	1990 年	2021 年	2050 年
全球	3.3	2.3	2.1
撒哈拉以南非洲	6.3	4.6	3.0
北非和西非	4.4	2.8	2.2
中亚和南亚	4.3	2.3	1.9
东亚和东南亚	2.6	1.5	1.6
拉丁美洲和加勒比	3.3	1.9	1.7
澳大利亚和新西兰	1.9	1.6	1.7
大洋洲（不含澳大利亚和新西兰）	4.7	3.1	2.4
欧洲和北美	1.8	1.5	1.6
最不发达国家	6.0	4.0	2.8
内陆发展中国家	5.7	4.0	2.7
小岛屿发展中国家	3.3	2.3	2.0

数据来源：联合国《世界人口展望 2022》报告。

⊙ 拓展阅读 ●

生育率与总和生育率

生育率，也叫育龄妇女生育率，指总出生数与相应人口中育龄妇女人数之间的比例。根据研究目的的不同，生育率可分为一般生育率、分年龄生育率等。

总和生育率是生育率的一种，是考察生育水平的主要指标之一。总和生育率指每位妇女在生育期（15～49岁）内生育孩子的总数。考虑到死亡风险，国际上通常将总和生育率2.1 作为人口更替水平，即每对夫妇生育子女数量为 2.1 个时，

意味着人口数量将保持不变。总和生育率高于2.1标志着人口数量趋于正增长，低于2.1标志着人口数量趋于负增长。

总和生育率等于1.5被视为低生育的警戒线。当某一国家或地区的总和生育率低于1.5时，往往被认为已跌入"低生育率陷阱"，很难逆转回升。

与许多国家相似，我国的生育水平也出现了从高到低的历史性转变。自20世纪70年代全面实施计划生育以来，我国的人口生育率迅速从高转低，并一直处于低生育水平。尽管从2016年我国开始实施两孩政策，但从2017年和2018年的情况来看，我国的生育水平仍呈现出持续下滑的趋势（见表1-2）。2017年，我国出生人口为1723万人，人口出生率为12.43‰，与2016年的1786万人和12.95‰相比，双双有所下降，并且在新生人口中，二孩比例超过了一孩比例。自2018年起，我国出生人口数和出生率开始屡创新低。2020年，我国出生人口下降至1202万人，出生率首次跌破10‰，降至8.52‰。同年举行的第七次人口普查显示，我国的总和生育率已降到1.3的超低生育水平，这意味着我国已进入全球生育率最低国家和地区的行列。2022年，我国出生人口数首次跌破1000万，仅为956万，出生率降至6.77‰。

表1-2 2017年以来我国人口出生情况

	2017年	2018年	2019年	2020年	2021年	2022年
出生人口（万人）	1723	1523	1465	1202	1062	956
人口出生率（‰）	12.43	10.94	10.48	8.52	7.52	6.77

数据来源：国家统计局。

⊙ 拓展阅读 •

日本：少子化的提出者

日本是低生育率国家的典型，也是"少子化"一词的提出者。1992年，日本经济企划厅编写《平成四年版国民生活白皮书——少子社会到来的影响与应对》，首次提出了"少子化"和"少子社会"的概念。"少子化"指新生儿数量与出生率持续减少的趋势；"少子社会"指儿童和年轻人减少的社会。

第二次世界大战（简称二战）后，日本于1947～1949年迎来了第一次婴儿潮，并于1949年出生人口数达到峰值，约270万。此后情况急转直下，1966年日本出生人口数仅136万，与1949年相比几近腰斩。1971～1974年，日本迎来第二次婴儿潮，但最高时（1973年）出生人口数也没有超过210万。1975年，日本出生人口数再次开始下降，当年跌破200万，1984年跌破150万。1991年以后，日本出生人口数有增有减，但总体上呈现减少趋势（见图1-1）。

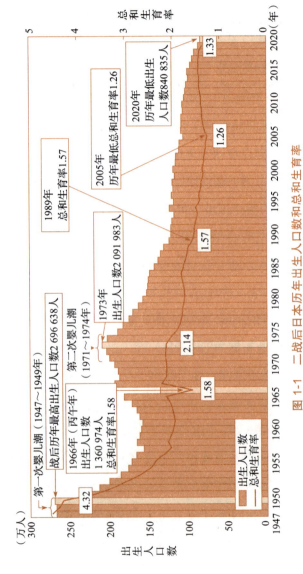

图 1-1 二战后日本历年出生人口数和总和生育率

资料来源：日本内阁府《令和 4 年版 少子化社会对策白皮书》。
数据来源：日本厚生劳动省《人口动态统计》。

2022年，日本出生人口数为79.97万，创下自1899年有统计以来新生儿数量的新低（首次跌破80万），比此前预测的2033年跌破80万大幅提前11年。[一]日本中央大学教授山田昌弘认为，日本正陷入少子化的恶性循环，预计2030年后每年新生人口数将降至50万左右。日本首相岸田文雄表示，日本出生人口数连续7年减少，少子化情况危急。

人口流动："变压器"

与长寿、少子相比，人口流动不是推动老龄化的直接动力。但大规模的人口流动，特别是大量劳动年龄人口的流动，能够对流入地和流出地的人口年龄结构产生巨大影响，起到缓解或加剧当地老龄化程度的直接作用。

2020年，全球移民约2.81亿人，是1990年（1.53亿）的近2倍，是1970年（0.84亿）的3倍多，约占全球总人口的3.6%，即全球每30个人中就有1人是国际移民。国际移民对世界上多个地区的人口增长都做出了重要贡献，

[一] 新华社. 日本2022年新生儿数量首次跌破80万[EB/OL]. (2023-03-01). https://baijiahao.baidu.com/s?id=1759154926793332653.

甚至缓解了部分国家或地区人口衰退的状况。如果没有移民的人口贡献，欧洲的总人口数早已下降。2000～2020年，国际移民对高收入国家人口增长的贡献甚至超过了出生人口。联合国认为，未来几十年里，国际移民将是高收入国家人口增长的唯一驱动力。○一

中国流动人口长期在总人口中保持较大比重。根据《第七次全国人口普查公报（第七号）》，2020年全国流动人口有3.76亿人，占总人口的26.6%，较2010年增加1.54亿，增长69.7%。这意味着我国每4个人中就有1个是流动人口。由于人口流动具有较强的年龄选择性，其中大多数既是劳动年龄人口，又是生育年龄人口。以2016年为例，16～59岁的劳动年龄流动人口中"80后"占比（56.5%）和"90后"占比（18.7%）合计超过75%。○二这种规模化、常态化的人口流动是不容忽视的巨大社会变迁，也是重要的人口现象，意味着不同地方人口集聚与收缩并存的现象将日益明显。北京、上海、广州等大城市，流动

○一 国际移民组织. 世界移民报告2022［R/OL］.（2021-06-30）. http://www.ccg.org.cn/archives/72677.
○二 新民网.《中国流动人口发展报告2017》：我国流动人口规模为2.45亿人 总量连续两年下降［EB/OL］.（2017-11-10）. http://shanghai.xinmin.cn/xmsq/2017/11/10/31332612.html.

人口的大量涌入在相当程度上对冲了常住人口的老龄化。

表 1-3 历次普查城镇人口数量和比重、人户分离人口数量、流动人口数量

普查年份（年）	1953	1964	1982	1990	2000	2010	2020
城镇人口（万人）	7726	12 710	21 082	29 971	45 844	66 557	90 199
城镇人口比重（%）	13.26	18.30	20.91	26.44	36.22	49.68	63.89
人户分离人口（万人）					14 439	26 139	49 276
流动人口（万人）					12 107	22 143	37 582

数据来源：国家统计局。

⊙拓展阅读•

辽宁省沈阳市靠流动人口带来人口逆势增长

受益于流动人口大量涌入而使老龄化有所缓解的，不仅有北京、上海、广州等城市，还有很多省会城市。地处东北的辽宁省沈阳市就是其中之一。

沈阳市 2020 年常住人口达到 907.0 万人[一]，比 2010 年

[一] 沈阳市统计局.沈阳市第七次全国人口普查公报（第一号）[R/OL].（2021-06-01）. http://tjj.shenyang.gov.cn/files/ueditor/SYTJJ/jsp/upload/file/20210601/1622539769851017369.pdf.

增加96.4万人，增长11.89%，年平均增长1.13%，是全国年平均增长（0.53%）的2倍以上，占全国人口的比重由2010年的0.60%提升到2020年的0.64%，占全省人口比重由18.52%提升到21.31%。

在东北三省人口持续负增长的大背景下，沈阳市人口逆势增长的原因在于吸引了来自辽宁、吉林、黑龙江、内蒙古等地的大量人口。据统计，2020年沈阳市流动人口为238.68万人，占沈阳市常住总人口的26.32%，比2010年第六次全国人口普查时增加102.67万人，增长75.48%。㊀

在改革开放、计划生育、城镇化等多重政策的共同作用下，中国的人口平均寿命快速提高、生育率快速下降、人口流动快速增长，在短短的几十年里就达到了发达国家历经百年才达到的老龄化水平。这是中国快速发展的结果，也是中国未来发展立足的基本国情。

㊀ 沈阳市统计局. 沈阳市第七次全国人口普查公报（第六号）[R/OL]. （2021-06-01）. http://tjj.shenyang.gov.cn/files/ueditor/SYTJJ/jsp/upload/file/20210601/1622539596486022954.pdf.

随势而动：宏大进程中的新变化

人口老龄化是贯穿 21 世纪的我国的基本国情，这是我们经常说的一句话。而对于企业来说，生存和发展是首要目标。比起长达几十年甚至上百年的人口转变进程，企业更迫切需要知道的是最近 5～10 年我国人口老龄化正在发生哪些新变化。

老龄化程度由轻转中

目前，国际上普遍将人口老龄化分为轻度老龄化、中度老龄化、重度老龄化和超重度老龄化。轻度老龄化指 65 岁及以上人口占比超过 7% 但低于 14%；中度老龄化指 65 岁及以上人口占比超过 14% 但低于 20%；重度老龄化指 65 岁及以上人口占比超过 20% 但低于 40%；超重度老龄化指 65 岁及以上人口占比超过 40%。

这些不同程度的指标，是分析一个国家或地区老龄化水平的重要依据。从各国的实践来看，当 65 岁及以上人口占比超过 14% 时，即进入中度老龄化后，文化、社会等领域就会开始出现明显的变化。

近两年，关于中国已进入重度老龄化或深度老龄化的说法不绝于耳。实际上，我国刚刚进入中度老龄化。

我国 65 岁及以上人口在 2000 年为 8811 万人，占总人口比例为 7.0%；2005 年突破 1 亿人，占总人口比例为 7.70%；2016 年超过 1.5 亿人，占总人口比例为 10.80%；2021 年年底突破 2 亿人，达到 20 056 万人，占总人口比例为 14.20%。⊖

从 2000 年进入轻度老龄化到 2021 年转入中度老龄化，我国仅用了 21 年时间。同国际上其他国家相比，法国用了 130 年，挪威用了 92 年，意大利用了 61 年，美国用了 70 年，日本用了 24 年。不过，我国也不是用时最短的国家，新加坡只用了 17 年，韩国用了 18 年。⊖

从 60 岁及以上人口的数量和占比来看，我国 60 岁及以上人口于 1970 年突破 0.5 亿人；1991 年超过 1 亿人；1999 年达到 1.31 亿人，占总人口的 10.3%；2013 年达到

⊖ 国家卫生健康委员会人口监测与家庭发展司，中国人口与发展研究中心. 人口与家庭发展常用数据手册–2021 [M]. 北京：中国人口出版社，2022.
⊖ 国家应对人口老龄化战略研究总课题组编. 国家应对人口老龄化战略研究总报告 [M]. 北京：华龄出版社，2014.

2亿人，占比14.90%㊀。2023年底达到2.97亿，占比超过20%；㊁预计在2033年左右突破4亿，占比超过30%。

2053年左右，我国老龄人口将达到峰值4.87亿人，相当于1949年中华人民共和国成立时总人口的90%，比届时发达国家老龄人口总和还要多约6700万人，约占届时亚洲老龄人口的二分之一、全球老龄人口的四分之一。2070年前，我国将一直是世界上老龄人口最多的国家。㊂

虽然我国已经进入中度老龄化，但好消息是"低龄群体"在老龄人口中占比超过八成。我国60岁及以上人口中各年龄段的人数及所占比例为，60～69岁有14740万人，占比55.83%；70～79岁有8082万人，占比30.61%；80岁及以上有3580万人，占比13.56%。㊃70岁以下老龄人

㊀ 国家卫生健康委员会人口监测与家庭发展司，中国人口与发展研究中心. 人口与家庭发展常用数据手册–2021［M］. 北京：中国人口出版社，2022.

㊁ 国家统计局. 2023年国民经济回升向好 高质量发展扎实推进［EB/OL］.（2024-01-17）. https://www.stats.gov.cn/sj/zxfb/202401/t20240117_1946624.html.

㊂ 国家应对人口老龄化战略研究总课题组. 国家应对人口老龄化战略研究总报告［M］. 北京：华龄出版社，2014.

㊃ 中国青年网. 国家卫健委发布2020年度国家老龄事业发展公报 我国60岁以上老人2.6亿多人［EB/OL］.（2021-10-15）. https://baijiahao.baidu.com/s?id=1713702101538869680.

口占比超过一半，80岁以下老龄人口占比86.44%，这意味着我国还有一定的时间和空间，可以实施健康老龄化和积极老龄化，以及调整和完善公共服务供给和社会保障制度。

老龄化速度由快转急

1999～2021年是我国的快速老龄化阶段。在此期间，我国60岁及以上人口从1.31亿人增至2.67亿人，增加了约1.36亿人，年均净增加618万人；占总人口的比重从约十分之一（10.3%）增至近五分之一（18.9%），增加了8.6个百分点，年增长率从0.2%快速增长至0.7%。65岁及以上人口从8687万人增至2亿人，增加了约1.13亿人，年均净增加514万人；占总人口的比重从6.9%增至14.2%，增加了7.3个百分点，年增长率从0.1%快速增长至0.7%。㊀

而从2022年起，我国人口老龄化速度将由快速转为急速，进入人口年龄结构变化最剧烈的阶段。2022年，我国

㊀ 国家卫生健康委员会人口监测与家庭发展司，中国人口与发展研究中心. 人口与家庭发展常用数据手册–2021［M］. 北京：中国人口出版社，2022.

60岁及以上人口年增长首次突破1200万人,年增长率达到0.9%,是中华人民共和国成立以来增长数量最高和增长速度最快的一年。

1963～1972年,是我国出生人口最多的10年。在这10年里,我国共出生2.73亿人,相当于"00后"的1.67倍、"10后"的1.84倍。

随着这批人进入60岁,我国将迎来第二个老龄人口增长高峰,年净增加数量和年增长率都是快速老龄化阶段的2倍以上。60岁及以上人口将在不到10年的时间里增长1亿人,在总人口中的占比将从近五分之一急速蹿升至接近三分之一。

人口增长由正转负

随着长期累积的人口负增长势能进一步释放,我国总人口自2012年后就一直以年净增量递减的方式继续增长。近年来,我国人口出生率连创新低,总人口规模的增幅和增速明显放缓。2021年全国人口增长仅48万人,这意味着我国开始进入人口零增长区间。2022年,我国出生人口首次跌破1000万人,仅956万人,出生率为6.77‰;全国总人口减少85万人,是中华人民共和国成立以来第二次出现负增长。

人口零增长，理论上是指出生人数加迁入人数正好等于死亡人数加迁出人数。当这种状态长期持续存在时，就形成了静止人口，这种状态在很长一段时间内被认为是社会经济发展的理想人口状态。但在大多数情况下，人口零增长都只会持续一个短暂的时期，它是人口增长由正转负的一个必经过程。

不过，考虑到新冠疫情对生育的挤压效应，特别是2024年恰逢龙年，我国很可能打破近年来持续的生育颓势，出现一波生育反弹。

⊙拓展阅读

龙年带动亚洲生育高峰

龙年在中国农历中被视为吉祥的年份，因为龙在中国传统文化中是帝王的象征。很多中国人潜意识里认为，如果宝宝出生在龙年，就会拥有帝王般的勇气、智慧，甚至可以为全家带来好运。除了中国，新加坡、马来西亚等很多亚洲国家和地区的人们也相信在龙年产子会交好运。

以往的每个龙年都会掀起生育高峰。以 2000 年为例，中国香港地区新生婴儿达到 54 134 人，比上一年增加了 5.6%；新加坡新生儿数量也超出其他年份逾 10%。

但是，根据以往灾害事件与生育率波动的关系及相关历史经验，可以推测在这波反弹后，我国仍将回到持续低生育率的大势之中，并正式进入人口负增长时代。

养育由"养小"转为"养老"

与世界各国一样，我国传统人口年龄结构呈"金字塔形"，劳动年龄人口居于中间，占大多数；少儿人口和老龄人口居于两端，少儿人口始终多于老龄人口。随着老龄化的发展，我国老龄人口持续增多，少儿人口持续减少，老龄人口的数量和占比开始逐渐趋近于少儿人口。

2018 年年末，我国 60 岁以上人口达 24 949 万人，占总人口的 17.9%；0～15 岁少儿人口为 24 860 万人，占总人口的 17.8%。这是老龄人口首次超过少儿人口，比预期的 2022 年提前了 4 年。这也意味着，我国开始从以"养小"为主的传统社会向以"养老"为主的老龄社会转型。到 2035 年，我国老龄人口数量将达到少儿人口数量 2 倍以上。[一]至此，我国的人口年龄结构将从传统年轻社会的"金字塔形"转变为老龄社会的"倒梯形"。

"十四五"期间，我国将迎来第一波养老照护浪潮。"80后"的父母多为"60后"，从2020年起，这些人也将陆续进入60岁及以上的老龄期。随后，"90后""00后"的父母也将步入老龄期。由此，我们将全面进入一个"家家有老人"的时代。特别是当第一代独生子女的父母开始进入70岁及以上的中高龄期时，"4-2-1"结构的家庭将快速增加，家庭对养老照护的需求也将大幅增长。

企业核心竞争力：认知更深，准备更充分

核心竞争力是企业求生存、谋发展的关键所在。在长寿、少子、人口流动三种动力的推动下，一场来势汹汹、不可逆转的老龄化浪潮正席卷全球。随着整个社会从有史以来的年轻社会转向前所未有的老龄社会，企业对人口老龄化的认知和适应能力正在成为其新的核心竞争力。为什

[一] 国家应对人口老龄化战略研究总课题组. 国家应对人口老龄化战略研究总报告［M］. 北京：华龄出版社，2014.

么这么说呢？这是因为老龄社会的到来将导致传统经济模式下的消费、生产、创新和竞争发生重大改变。

别再用旧需求"糊弄"新用户

老龄社会的一个突出特征，是 60 岁及以上人口在总人口中所占比例不断增加。我国 60 岁及以上人口占总人口比重已经从 1999 年的约十分之一快速增长到 2022 年的近五分之一，预计 2035 年将急速攀升至接近三分之一。这意味着，从现在开始，消费的主体将不再是以往的少儿和年轻人，而是日益庞大的老龄群体。

随着消费主体的改变，消费的内容也会发生改变。老龄群体的生理机能日益退化，他们在视觉、听觉、味觉、触觉和反应速度上与年轻人相比差异非常大，因此对产品的功能性需求也大为不同。再加上老龄群体步入老龄期后收入的变化，也影响了他们对产品价格、质量、成熟度、更新周期等的需求。为了适应这些变化，制造业需要从传统的"以产定销"向"以需定产"转型，逐步推行柔性制造和智能制造。

以纸尿裤为例，这种产品自 20 世纪 80 年代开始普及，长期以来都是婴儿纸尿裤的代名词。人们只有在抚今追昔之时，才会想起解决登月英雄的内急难题也曾一度推动纸尿裤的发明。1961年，纸尿裤还曾被美国《时代》周刊评为"20世纪最伟大的100项发明之一"。

随着老龄化的发展，纸尿裤已经不再是婴儿专用物品。成人纸尿裤销量正在快速增长，接近甚至超越婴儿纸尿裤销量。

以全球老龄化程度最高的日本为例，在进入中度老龄化后，日本成人纸尿裤市场年增长比例高达6%～10%。日本纸尿裤制造商尤妮佳表示，成人纸尿裤的销量已经在2011年超过了婴儿纸尿裤。

成人纸尿裤销量大增的原因之一，是2018年全球65岁及以上人口数量有史以来首次超过了5岁以下儿童的数量。联合国预计，全球65岁及以上人口数量将在2050年达到5岁以下儿童的2倍，并超过15～24岁青少年人口的数量。

具体到中国来看，婴儿纸尿裤销量自2020年首次出现下降，此后持续下降且下降幅度增大，而成人纸尿裤市场近年来增长显著。

据中国造纸协会生活用纸专业委员会发布的《2021年度生活用纸和卫生用品行业年度报告》，2021年成人纸尿裤用品占市场总规模的 9.8%，约为 112.1 亿元。总体来看，2018～2021 年，成人失禁用品市场规模复合年均增长率为 16.8%，消费量复合年均增长率为 18%。

有趣的是，传统的营销手段并不适用于这个新出现的细分市场。瑞典卫生产品制造商爱生雅集团（SCA）曾主动向每位超过 55 岁的瑞典男性邮寄了一份成人纸尿裤的样品，结果引发了他们强烈的不满，客服电话都被打爆了。

这种巨大的变化还将反映在消费渠道上。如果当前由老龄化与信息化共振所带来的代际数字鸿沟没有得到妥善解决，老龄群体仍然被新的信息化产品拒之门外，那么我们现在对线上和线下的认识很可能发生颠覆，线下有可能超过线上，重新成为主流消费渠道。

35 岁，还算老员工吗

老龄社会的另一个突出特征，是劳动年龄人口数量持续减少。我国劳动年龄人口在 2011 年达到峰值 9.40 亿人，此后开始缓慢缩减，于 2018 年末降至 9 亿人以下，预计到 2042 年不足 8 亿人，到 2052 年不足 7 亿人，到 21 世纪后半叶将稳定在 6 亿人上下，到 2100 年降至 5.81 亿人。

劳动力是经济发展中生产要素的重要组成部分。生产要素出现重大改变，意味着生产方式、经济模式、增长动力、产业结构等都将发生重大调整和改变。最简单的影响就是，劳动力数量持续减少，将改变现有的劳动力供给格局。如果产业发展模式保持不变，劳动力资源必然从充足走向短缺，进而导致劳动力价格上涨、人工成本增加。以低劳动力成本为比较优势的人力密集型产业将面临用工成本增加、竞争力弱化的不利局面。

例如，教育领域蕴藏巨大变局。从短期来看，学龄人口持续减少，将造成基础教育资源由不足转向过剩，基础教育资源配置受到冲击，教育资源结构性失衡进一步加剧。从长期来看，人口负增长将导致高等教育需求减少，影响高等教育的中长期发展和布局。同时，从人口红利转向人才红利，也要求教育在教学目标、内容、形式上全面深化改革。

⊙ 拓展阅读 ●

少子化导致台湾高校学生数持续减少

根据台湾教育主管部门发布的 2022～2037 年度各

教育阶段学生数预测报告，受少子化影响，各教育阶段学生数逐年减少，预计未来16学年间，大一新生平均年减2900人或1.5%；大学学生总数则平均年减8700人或0.9%。㊀

报告预测，2025学年大一新生数将首度跌破20万人，2028学年大一新生将降至17.7万人。未来几年内，大一新生数多在17万至21万人间波动，预计至2037学年，大一新生数仍只有17.7万人，和2011学年相比，学生数减少35.9%，相当于减少9.9万人。

此前，台湾教育主管部门已核定2020学年度一般大专院校将有105个系所停招、裁撤。如台湾交通大学停招"加速器光源科技与应用硕博士学位学程"等系所，辅仁大学停招哲学系和宗教系进修学士班。㊁

不过，也有高校因应老龄社会的新需求推出了新专业，如南华大学新设"生死学博士班"。

㊀ 齐湘辉，岳夕彤. 少子化冲击导致台湾高校学生数持续减少［EB/OL］.（2022-07-03）. http://www.xinhuanet.com/2022/07/03/c_1128800365.htm.

㊁ 赵博，许雪毅. 少子化冲击 台湾高校明年105个系所停招或裁撤［EB/OL］.（2019-09-24）. https://baijiahao.baidu.com/s?id=1645545203823411039.

更重要的是，老龄期的延长、个人对老龄生活品质要求的提升和老龄人口数量的增加，从客观和主观上都对教育领域提出了新要求。老年大学一位难求、教育内容单一、教育形式老套等现象屡见不鲜。老龄群体需要内容更广泛、种类更丰富的教育供给，来满足他们的退前教育、继续教育、职业教育、兴趣教育、健康教育等多样化的需求。

守旧的人，或许更懂创新

老龄社会面临的最大挑战，是如何保持经济的可持续发展。要应对这一挑战，最好的解决办法无疑是进一步推动创新。

一方面，为扩大劳动力规模，需要通过制度创新和社会创新，使有意愿、有能力的老龄人口能够更多、更深入地参与到经济社会发展活动之中。

另一方面，为提高全要素生产率，需要通过技术创新和金融创新，推动大数据、人工智能、移动互联网、云计算等高新技术与产业深度融合，促进传统产业转型和新兴产业发展。波士顿咨询认为，新技术将为中国制造业的生产效率带来15%～25%的提升，额外创造附加值达4万

亿～6万亿元。㊀

有观点认为，创新受人口规模效应、聚集效应、老龄化效应等多重因素的影响，所以人口减少和老龄化可能会导致新想法减少。同时，老龄群体部分认知能力大幅下降、创新技能和创业精神不足也会对创新形成阻碍。实际上，与人口数量相比，人口质量对创新的影响更大。此外，创新离不开过往的实践和经验。在老龄社会背景下，实践和经验的积累、传递会更加充分。年轻人可以有更好的创新基础，老龄群体也可以获得更多参与创新的机会和动力。

⊙拓展阅读●

新人口红利

人口红利概念产生于西方，主要用于阐述人口转变和人口结构变化对经济增长的促进作用。1997年，美国学者布鲁姆和威廉姆斯首次提出了人口红利概念，他们认为，在人口转型的过程中总有一段时间，劳动年

㊀ 章斐然. 波士顿咨询：工业 4.0 能提升中国制造业生产效率 15%～25%［EB/OL］.（2016-05-18）. http://money.people.com.cn/n1/2016/0518/c42877-28361028.html.

龄人口数量和比重增大，社会的总抚养负担较轻，这为经济快速发展提供了潜在机会，因此被称为"机会窗口"。

2006年，美国学者李和梅森对人口红利进行了细化，将人口红利划分为第一次人口红利和第二次人口红利。他们充分肯定了布鲁姆等人建立在人口转型基础之上的对人口红利的解释，并把它定义为第一次人口红利。同时又提出，随着生育率的持续走低，劳动年龄人口的增长终将被抵消，在以低死亡率和低生育率为特征的后人口转变阶段，曾经占据优势地位的劳动年龄人口终将步入老年。老年人口规模不断扩大，社会老龄化程度不断加深，有效劳动力减少，人均收入减少，第一次人口红利逐渐由正转负。与此同时，由人口年龄结构老化带来的潜力巨大的老年人力资源开发、老年人力资本和储蓄的积累或将开启第二次人口红利，即导致第一次人口红利结束的老年人口力量会引发第二次人口红利。

日本是世界上最早进入重度老龄社会的国家，也是目前全球老龄化程度最高的国家。日本从1970年进入轻度老龄社会，1994年进入中度老龄社会，2006年进入重度老龄社会。不过，在一定程度上人口老龄化并没有阻碍日本创新的脚步。

截至 2019 年，共有 27 名日本人获得了诺贝尔奖（包括 2 名美籍日裔诺贝尔奖获得者）。其中，1970 年前获奖者为 3 人，1970～1993 年获奖者为 4 人，1994～2005 年获奖者为 5 人，2006 年至今获奖者为 15 人。

另一个有趣的对比是：2006 年日本进入重度老龄社会后，诺贝尔医学奖成为日本获奖频率最高的奖项（4 次），而在此之前日本仅获奖 1 次。

正如人工智能一样，人口老龄化正在带来应用场景的不断颠覆与拓展，这些全新的需求将倒逼政策、社会和市场的全面创新。

技术、资本、人才的竞争

日本等国家的老龄化历程表明，老龄社会通常伴随着社会运行成本加重、国民储蓄率下降等现象。这些现象不利于资本投入的增加，还会刺激资本向经济增长更快、资本回报率更高的地方转移，从而加剧资本的竞争。

同时，老龄化带来的劳动力稀缺，促使企业及产业进一步从体力密集型向脑力密集型发展，不断提高对劳动力质量的要求。劳动力质量与数量的矛盾将比现在更加突出。这种结构性就业困难与劳动力短缺并存的现象，加剧了企业之间人才的竞争。

⊙ 拓展阅读

麦肯锡预测：2030 年全球 3.75 亿人面临摩擦性失业

摩擦性失业是指因季节性或技术性原因导致的失业现象。这种失业主要是由于经济调整或者资源错配等因素，使得一部分劳动力需要在不同的工作岗位间转换，而在等待转换期间产生的暂时失业。

2018 年年底，麦肯锡全球研究院发布报告称，随着科技的进步，至 2030 年全球将有 7500 万～3.75 亿人重新就业并学习新的技能。从数量上看，中国将面临最大规模的就业变迁，预计将有 1200 万～1.02 亿中国人需要重新就业。

为此，全社会需要解决好四个问题：一是保持积极的稳健增长，以保证工作岗位的增加；二是提供工作培训机会，帮助个人学习适应市场需求的新技能；三是提高商业社会乃至劳动力市场的活力和流动性；四是为那些被自动化取代的工人提供失业保障和重新就业帮助。

技术研发需要资本和人才的大量投入。因此，资本和人才的结构性竞争，在一定程度上直接或间接带来技术上的结构性竞争。

消费、生产、创新和竞争发生重大改变的背后，是"人"这一影响经济发展的核心要素在发生变化。人既是经济发展的主体，也是经济发展重要的基础性资源，同时兼备消费者与生产者双重属性。人的变化，必然会对经济发展产生重大且深远的影响。对很多企业而言，过去20年的生存与发展正是得益于第一次人口红利；而未来20年的生存与发展状况，就取决于企业现在对于人口老龄化和老龄社会的认知和准备程度。

案例分析：适老化就是把字放大吗

随着中国人口老龄化的程度持续加深、速度明显加快，适老化正在日益受到人们的关注。可是，到底什么是适老化呢？实际上，迄今为止，适老化还没有一个准确的定义。

宜居建设，由实及虚

1982年，第一届老龄问题世界大会通过《老龄问题维也纳国际行动计划》，将"住宅和环境"列为老年人的七项特殊需求之一，认为"充分的居住条件和令人愉快的物质环境对于所有人的幸福生活都是必要的"。由此，人们开始关注家庭和社会环境不适老的问题。

2012年，《中华人民共和国老年人权益保障法》修订新增了"宜居环境"专章，提出"推进宜居环境建设，为老年人提供安全、便利和舒适的环境"，并要求"各级人民政府在制定城乡规划时，应当根据人口老龄化发展趋势、老年人口分布和老年人的特点，统筹考虑适合老年人的公共基础设施、生活服务设施、医疗卫生设施和文化体育设施建设"。这是我国在国家层面推动相关工作的开端。

2016年11月，全国老龄办、国家发展改革委等25个部委联合印发了《关于推进老年宜居环境建设的指导意见》。这是我国发布的第一份关于老年宜居环境建设的指导性文件，也是"适老化"一词首次出现在国家文件中。

2020年7月，民政部、国家发展改革委等9个部委联合印发《关于加快实施老年人居家适老化改造工程的指导意见》，要求坚持需求导向，推动各地改善老年人居家生活照护条件，增强居家生活设施安全性、便利性和舒适性，提升居家养老服务品质。这是我国第一份以适老化为主题的国家文件。

2020年11月，国务院办公厅印发《关于切实解决老年人运用智能技术困难的实施方案》；12月，工业和信息化部印发《互联网应用适老化及无障碍改造专项行动方案》。适老化由实及虚，从看得见、摸得着的实体空间扩展到了看不见、摸不着的虚拟空间。

软件适老与硬件适老

适老化的制度环境与适老化的基础设施相辅相成，共同构成了全社会从年轻社会到老龄社会的转型基础。

<u>适老化的制度环境，是老龄社会的软件基础，包括老龄群体保障制度、老龄群体社会参与鼓励制度等。</u>

老龄群体保障制度，涵盖经济供养、生活照料、精神慰藉等各个领域，主要作用是让老年人拥有幸福的晚年，后来人拥有可期的未来。

老龄群体社会参与鼓励制度，涵盖老年教育、应聘渠道拓展、雇用鼓励、工伤保险认定等各个领域，主要作用是拓展老龄群体人力资源开发的渠道，提高企业雇用老龄群体和老龄群体继续工作的积极性。

建立适老化的制度环境，有助于消除老龄群体融入社会、参与社会的法律限制和思想观念上的障碍，从源头上增强各级政府、各类社会组织和企业主动顺应老龄社会转型的决心和动力，使更多的老龄人口能在更大程度上、更宽领域内参与经济社会的发展，进而释放第二次人口红利。

<u>适老化的基础设施，是老龄社会的硬件基础，包括实和虚两个方面。</u>

实的方面，指看得见、摸得着的基础设施，涵盖居家适老化、社区适老化、交通适老化、商业适老化、公共设施适老化等各个领域，主要作用是帮助老龄群体最大限度地提升自主生活的能力和走出家门的能力。

虚的方面，指网络化、数字化等虚拟空间和服务等看不见、摸不着的基础设施，涵盖服务适老化、设计适老化、界面适老化、交流适老化等各个领域，主要作用是帮助老龄群体最大限度地提升信息获取能力和沟通交流能力。

在实和虚两方面的双重作用下，老龄群体融入社会、参与社会的障碍不断消除。老龄群体既可以是现代经济社会发展的受益者，也可以是现代经济社会发展的参与者。

同时，老龄群体只有充分使用信息化和智能化技术，才能将自身的各种真实需求全面展现出来。这样，政府、社会和企业也可以聚焦重点领域和薄弱环节，集合各方资源，创新供给方式，优化技术，提高资源使用效率。

居家适老化：受益者为何最不支持

从目前最受关注的居家适老化方面来看，随着政策的连续出台，越来越多的城市开始推动相关工作，呈现出"遍地开花"的发展态势。在这一发展过程中，居家适老化改造形成了以下四种模式。

一是公共服务模式。由政府出资，向社会组织或企业购买服务，为纳入高龄、失能、残疾老年人的家庭提供免费的居家适老化改造。

二是社会公益模式。由福彩等公益基金出资，也是通过向社会组织或企业购买服务，为特殊困难老年人家庭提供免费的居家适老化改造。

三是家庭购买模式。由家庭根据自身需求和财力，直接向社会组织或企业购买居家适老化改造服务。

四是混合模式。由政府牵头，让社会组织或企业就居家适老化改造的不同程度提供个性化服务包,供老年人家庭自愿选择。该模式是前三种模式的混合体。

那么,谁能在居家适老化改造中受益呢?

老年人家庭无疑是居家适老化改造的直接受益方。一方面,居家适老化改造可以改善居家老年人的生活环境,有效提高老年人的自理能力。另一方面,居家适老化改造还可以降低老年人跌倒的风险。世界卫生组织提出,跌倒是老年人慢性致残的第三大原因。根据第四次中国城乡老年人生活状况抽样调查,我国城市有13.5%的老年人在此前近一年中发生过跌倒,其中超过50%的跌倒发生在社区环境和家中,如院子、卧室、卫生间、客厅等。

企业是居家适老化改造的间接受益方。居家适老化改造是一个新需求,新需求必然催生新供给。这有助于传统制造企业、地产企业和装修企业的转型,有助于超市、商场等商业机构和公共服务机构的升级,有助于人工智能、机器人等新兴技术企业寻找应用场景。

政府和社会是居家适老化改造的潜在和长远受益方。提高老年人的自理能力、降低失能风险,能够减轻家庭的压力,增强家庭和社会的幸福感;能够改善医疗保险的支出状况,确保社会基本保障制度的可持续发展;能够形成新的经济增长点，成为稳就业、保增长、推动经济可持续发展的重要推手；能够促进公共资源和社会资源的更新升级，进而强服务、惠民生，推动社会全面发展。

有意思的是，我们发现，在推动居家适老化改造的实践中，最有力的推动者是政府和社会，其次是企业，再次是家庭，最后才是老年人自己。自愿性作为居家适老化改造的突出特点，正在成为阻碍居家适老化改造发展的因素。另外，很多企业对居家适老化改造的市场机遇缺乏足够的认识和行动。如保险企业，作为老年人防跌倒的重要受益方之一，并没有积极加入其中。剖析原因，我们不难发现，正是因为许多老人和家庭还不清楚居家适老化改造的作用，很多企业还没有真正理解适老化的概念、内涵和外延。

从不适应到适应，这就是适老化。所谓适老化，就是社会从各个层面做出调整，以适应人口年龄结构变化的过程。需要注意的是，这里面不仅要改善老龄群体的生活和社会参与环境，还要推动老龄群体适应科技、时代和社会的发展。只有这样，才能实现个人受益、企业获利和社会可持续发展。

第 2 章

看见可能
新老龄群体、新需求与新战略

只有将老龄群体视为高品质、高价值的消费者和有经验的供给者，企业才能通过银发经济在前所未有的老龄社会背景下获得可持续发展的机会。

伴随着认知的转变，我们看到，年轻社会的基础正在动摇。平均预期寿命持续提高，生育率连创新低，人口流动日益频繁，社会要素、关系、结构等各个方面均出现了整体性、持久性和不可逆的变化。寿命更长、健康意识更强、收入更高、受教育程度更高、生活预期更丰富的新老龄群体，正在改变我们对老年人的刻板印象。

新老龄群体，新在哪里

2020年起，"60后"开始陆续步入60岁。与"40后"和"50后"相比，"60后"将是新老龄群体。这个"新"主要体现在以下五个方面。

寿命更长

随着经济社会的发展、科技水平的提升、医疗条件的改善，我国居民的生活水平和生活质量不断提高。标志之一，就是人口平均预期寿命提高。1949年，我国人口平均预期寿命仅为35岁。2000年第五次人口普查结果显示，我国人口平均预期寿命为 71.4 岁。在 51 年的时间里，我国人口平均预期寿命翻了一番有余。预计到 2035 年，我国人口平均预期寿命将超过 80 岁。

健康意识更强

2017 年 12 月，国家卫计委发布了首个利用大数据系统解读的家庭健康状况报告——《中国家庭健康大数据报告（2017）》。该报告显示，中国家庭健康观念发生了三大可喜的变化，即国民健康生活意识增强、家庭健康管理意识提升、积极预防的健康理念深入人心。另据今日头条统计，2017 年 10 月至 2018 年 10 月，健康类资讯阅读量达 336 亿，比上年增加了近 100 亿，增长率为 38.8%。在世界杯期间，健康类资讯的平均每日阅读量超过 1 亿，热度超过世界杯。50 岁左右人群对健康的关注是 25～35 岁人群的 2 倍。

收入更高

受基数的影响，"60 后"领取的养老金高于"40 后""50 后"。同时，"60 后"的存款、理财等产品也普遍多于"40 后""50 后"。对此，南开大学老龄发展战略研究中心的原新教授形象地比喻："40 后""50 后"是"站起来"的一代;"60后""70后"是"富起来"的一代;"80后""90后"是"强起来"的一代。

2023年6月的一项调查显示,老龄群体的消费能力增长迅猛,近三年的复合增长率达到20.9%,高于"80后"和"90后"。在淘宝美容护肤市场,银发族增速是大盘的3倍。同时,银发旅游和银发智能设备市场也增速迅猛。

受教育程度更高

近年来,中国人口受教育程度不断提高。第七次全国人口普查数据显示,15岁及以上人口的平均受教育年限由9.08年提高至9.91年,文盲率由4.08%下降为2.67%。同时,老龄人口受教育程度也在持续大幅提升。据第四次中国城乡老年人生活状况抽样调查,2015年中国老龄人口中未上过学的占29.6%,小学文化程度的占41.5%,初中和高中文化程度的占25.8%,大专及以上文化程度的占3.1%。与2000年相比,未上过学的老龄人口占比下降了23.2个百分点,小学文化程度的老龄人口占比上升了7.8个百分点,初中和高中文化程度的老龄人口占比上升了14.3个百分点,大专及以上文化程度的老龄人口占比上升了1.1个百分点。

生活预期更丰富

"40后""50后"在退休后,大多会回归家庭,忙于做家务、带孙子孙女,他们的主要娱乐方式就是看电视、听广播、读书看报、种花养草、棋牌游戏,业余文化生活较为单一。"60后"的业余文化生活则相对更为丰富,他们大都有参与文化活动的习惯,如旅游、看电影和演出、上网等,并具备一定的计算机、网络的使用技能和学习能力,对网络生活、电子支付等都很熟悉。

基于这些新的特征,"60后"正在成为新老龄群体。他们有着更强的购买力,也有着更强烈的购买愿望、需求和动机。

还需要注意的是,人人都会老。随着时间的推移,"70后"会在不久的将来——2030年开始步入60岁。但他们与"60后"又有着截然不同的新特征。所以,届时我们还需要对"新新老龄群体"进行研究。

新需求:"为了老人好",但老人不认可

在前言中我们提到,我国人口老龄化是"未备先老"。在年轻社会背景下,老龄群体数量有限,占总人口的比重

很低，老龄群体的需求得不到市场的关注。我们很少看到相关的市场调查或研究报告。

近几年，这种情况有了明显的改善。关于老龄群体的各种洞察越来越多地被发布出来，为我们全面了解老龄群体提供了新的视角。

令人遗憾的是，由于长期以来的不关注，我们缺少的不仅是数据，还有观察分析的方法。

马斯洛需求层次理论的失灵

马斯洛需求层次理论是目前最常用的需求分析理论之一。马斯洛将人的基本需求分为五个层次，从低到高依次为：生理的需求、安全的需求、归属及爱的需求、受人尊重的需求、自我实现的需求。一般来说，只有在低层次的需求得到满足之后，人们才会进一步追求较高层次的需求。

但是，当我们使用马斯洛需求层次理论分析老龄群体的需求时，却总是发现诸多难以解释的问题。

例如，吃饭真的是老龄群体迫切需要满足的需求吗？对老龄群体来说，几十年来，关于什么时间去哪里买什么菜，什么时间开始做饭，做多少，做什么口味，已经形成了一套完整的解决方案。

对绝大多数老龄群体来说，之所以吃饭是一个问题，绝大部分原因不是衰老带来的做饭能力不足，而是孤独造成的做饭动力下降。特别是子女离家独立后，老两口在餐桌上会明显感觉到孤独，特别是顿顿做、顿顿剩，使得这种孤独感更强烈了。此时，吃饭已经不再是生理的需求，而是归属及爱的需求。

但是，现在有很多关于老龄群体吃饭问题的研究，都是基于一个假设，即老龄群体已经衰老到不具备做饭和吃饭的能力了，它们主要关注孤寡高龄老人，认为吃饭是直接关系老龄群体生存的迫切需求，必须第一时间加以解决。

在多地农村，被雇用来做老龄餐的往往都是低龄老人。这是因为，年轻人都出去打工了，村子里只剩老人了。而且，由于这些低龄老人就在自己住的村子里打工，因此他们的薪酬要求也不高。他们熟悉本村的饮食习惯，还经常与用餐的老人一起聊天，问问他们有什么想吃的。这种模式的结果是多方共赢，满意度非常高。

再如很多地方都在推行居家适老化，为孤寡高龄家庭提供免费的居家适老化改造。可老人对于如何在自己的家里活动，已经形成了一套自己独特的办法。与墙上的把手相比，他们更习惯用自己手上的那把椅子。

从这些案例中，我们越来越感觉到：老龄群体的需求并非从低向高，满足的标准和程度非常模糊，大多数行为都是多动机的，同时由多个需求决定。

横向并存的复杂需求

与马斯洛需求层次理论相比，美国耶鲁大学组织行为学教授奥尔德弗提出的 ERG 核心需求理论可以帮助我们更好地理解老龄群体的需求。

ERG 是生存（Existence）、相互关系（Relatedness）、成长（Growth）三个单词的首字母缩写。生存的需求指个体的生理需求和物质需求，或个体维持生存的物质条件；相互关系的需求指个体维持重要人际关系的需求；成长的需求指个体追求自我发展的内在欲望。

ERG 核心需求理论偏重带有特殊性的个体差异，具有以下四个突出特点。

一是需求并存。ERG 核心需求理论认为，各层次需求之间不是由低到高的刚性阶梯式结构关系，而是横向的并列关系，人可以同时追求各层次需求。这一点非常重要。在老龄群体的需求中，我们不能再将某一需求置于另一需求之上，而是要将所有需求置于同一高度同等考虑。这也意味着，我们在设计产品和服务时，不能只满足于简单的某一需求，而是必须能满足复杂的多种需求。

二是需求加强。在某个需求得到基本满足后，其强烈程度不仅不会减弱，还可能会增强。例如我们在前面提到的老龄餐，在满足老龄群体初步的"吃上热饭热菜"需求的基础上，还有非常多可以改善的地方，比如价格、口味、营养、社交等方方面面，都蕴含着有无限的改进空间。而这些改进空间都有可能转为新的商业模式。

三是需求满足。当某个需求得到了满足，人们可能会去追求更高层次的需求，也可能不会。还是以老龄餐为例，很多养老机构提供低价甚至免费的老龄餐以吸引老龄客户，但结果是老龄客户来了，但他们除了吃饭没有其他任何消费。这就是吃饭需求得到满足的缘故了。

四是需求降级。当较高级需求不能得到满足时，可能会出现"退而求其次"，即满足低层次需求的欲望会加强。生存、相互关系与成长三者之间虽然是并列关系，但结合人们的具体生活来看，还是有高低差别的。仍以老龄餐为例，为什么很多地方都反映老龄群体需要解决吃饭问题？很大一部分原因就是相互关系的需求得不到满足，从而使得生存的需求变得更为突出了。

我们总是在强调要为老龄群体做点什么，但很多时候并未真正从老龄群体的角度出发，以致忽视了现象背后更深层次的原因。例如针对老人孤独的问题，我们不仅要多陪伴老人，更要营造一个能够让老人更多参与、更方便交往的社会环境。很多晚辈担心老人受骗、出去不方便，把他们"关在"一个小圈子里，但实际上，老人也是有社交能力和社交需求的。减少老人与外界的交流看似让他们变得更安全，实际并没有真正解决问题。

成年人本着"为了孩子好"的想法教育孩子，总会遇到各种问题。现在，成年人又本着"为了老人好"的观念，面临着类似的困境。

老龄群体需求洞察框架

为了更好地理解老龄群体的需求，我们将 ERG 核心需求理论总结为 12 个字，即生存需求——吃、穿、住、行；相互关系需求——酒、色、财、气；成长需求——生、老、病、死。

吃：吃并不只是指简单的吃饭需求，还涵盖买菜、做饭、外卖，乃至烟酒糖茶、筷勺刀叉、锅碗瓢盆、厨房家电等各种产品需求。比如，电烤箱、面包机、咖啡机等，就非常受老龄家庭的欢迎。苏宁易购发布的《2023年双11电器消费观察》显示，防干烧燃气灶销售额同比增长90%，低糖电饭煲销售额同比增长105%。另外，老龄群体的家庭聚餐、朋友聚餐等消费状况也没有得到应有的关注。可以说，仅仅在吃上，老龄群体就有很多方面的需求长期被市场所忽略。

穿：传统观念认为，老龄群体在穿上有两个特点，一是买得少，就像俗话所说的"吃孙子的，穿儿子的"，二是追求低价，喜欢买便宜货。可是调查显示，老龄群体中有超过一半（56%）的人对目前的老年服装表示"不满意"，有近四分之一（24%）的人表示"一般"。目前，老龄群体的"穿"正在越来越功能化、场景化。功能化体现在为了满足休闲运动的需要而购买冲锋衣、名牌运动鞋、背包。场景化体现在为了聚会而购买名牌服装、为了广场舞而购买专业服装等。有数据显示，全国广场舞人群超过1亿人，个人平均在舞蹈装备上花费437元。如果再加上音响、道具等消费，广场舞装备市场的规模将超过500亿元。

住：第七次全国人口普查显示，我国每4人中就有1人处于流动之中。越来越多的老龄群体加入到人口流动的洪流之中。传统的在地养老、居家养老正逐渐扩展为投奔子女、帮带孙辈、旅游度假的异地养老、候鸟养老。在此基础上，我们还要考虑居家适老化改造、水电家具维修等服务需求。

行：关于行，最简单的案例就是公共交通设施的适老化改造，这方面最重要的不是是否免费，而是是否方便。例如，要考虑公交车如何上下，地铁的台阶如何避免，提醒到站的标识和语音是否容易看清和听清，红绿灯的时间和警示标志的设置是否合理和醒目等，以及老人专用车辆的管理、对老人旅游的年龄限制等。去哪儿发布的《2023去哪儿旅行数据报告》显示，61岁的老年人是飞行最多的群体，在2023年一共飞往59个城市。

酒：酒并不是指酒文化，而是指老龄群体的社交需求，涵盖同乡、同学、同事、同社区、同爱好等各种社群形态。

色：色指的是老龄群体对两性关系的需求，以及在文化、教育、娱乐等各方面丰富多彩的老龄生活需求。

财：财指的是老龄群体在财富以及财产安全、传承、监护等各个方面的需求。

气：气主要体现在老龄群体对尊重的需求上。这里面既有来自外人的尊重，更有来自自我的认同。有时我们过多关注外部的尊重，而忽略了老龄群体自尊自爱的需求。

很多家庭矛盾、社会矛盾就是因此产生的。

生：生主要指老龄群体对开启第三人生的需求，如近期非常被看好的老龄教育市场。

老：老主要指老龄期的健康需求。越来越多的试验表明，健康是可以保持的，衰老是可以延缓的。

病：病主要指老龄群体在医疗上的需求。

死：死主要指老龄群体在如何看待死亡、生前预嘱和缓和医疗、安宁疗护（包括去世安排）等方方面面的需求。

"吃穿住行、酒色财气、生老病死"，这12个字虽然简单，但已然勾勒出了一个洞察老龄群体需求的基本框架。在未来的研究中，我们将全面阐释这12个字，提供一个针对老龄群体的更加完善的洞察体系。

⊙拓展阅读●

日本老人2000万日元养老金缺口从哪里来？

2019年6月，日本金融厅一份关于家庭养老金面临巨大缺口的报告不仅在日本政坛引发了轩然大波，更在国内再次引发了人们对老龄生活的惶恐。这份报告称，随着寿命越来越长，活到95岁的日本夫妇面临2000万日元（约合人民币128万元)的养老金缺口。

为了解2000万日元这一巨额缺口从何而来,我们找到了这份报告的原文。

这份长达51页的报告名为《老龄社会下资产形成·管理》,相关研究于2018年9月启动,期间历经12次讨论,主要聚焦于老龄社会背景下金融服务应该怎么做,目的是提高人们对金融服务的认识,并激发具体行动。

根据报告,按当前日本人寿命延长的速度测算,日本60岁以上人口中有25.3%的人将活到95岁。

报告还引用了日本厚生劳动省的资料,指出因为日本老龄无业家庭(男65岁以上、女60岁以上的夫妻无工作家庭)的月收入少于月支出,所以当这些家庭步入95岁时,将面临高达2000万日元的巨额缺口。

那么,每月的收入与支出差是如何产生的呢?

家庭月收入包括4项:

(1)社保收入191 880日元(约合人民币12 281元);

(2)以往工作单位收入4232日元(约合人民币271元);

(3)事业收入4045日元(约合人民币259元);

(4)其他收入9041日元(约合人民币578元);

合计209 198日元(约合人民币13 389元),其中,社保收入占比最高，达 91.7%。

家庭月支出包括 11 项：

（1）伙食费 64 444 日元（约合人民币 4124 元）；

（2）交通和通信费 27 576 日元（约合人民币 1765 元）；

（3）教养娱乐费 25 077 日元（约合人民币 1605 元）；

（4）水电煤气费 19 267 日元（约合人民币 1233 元）；

（5）保健医疗费 15 512 日元（约合人民币 993 元）；

（6）住宅费 13 656 日元（约合人民币 874 元）；

（7）家具和日常用品费 9405 日元（约合人民币 602 元）；

（8）被服和鞋费 6497 日元（约合人民币 416 元）；

（9）教育费 15 日元（约合人民币 1 元）；

（10）其他消费支出 54 028 日元（约合人民币 3458 元）；

（11）非消费支出 28 240 日元（约合人民币 1807 元）；

合计 263 717 日元（约合人民币 16 878 元），其中，前 9 项消费之和占比高达 68.8%。

两相比较的结果就是，这些家庭每月的收入比支出少 54 519 日元（约合人民币 3489 元）。然后，再将这一差额乘以 30 年，得到的就是 1963 万日元。而这，就是 2000 万日元这一巨额缺口的由来。

新战略：积极应对，快速迭代

在看到新老龄群体和新需求框架之后，我们还需要看到政策的最新进展，也就是积极应对人口老龄化的国家战略。

更重视、更积极、更综合

2006 年 3 月，我国出台《中华人民共和国国民经济和社会发展第十一个五年规划纲要》，首次提出并设置专门小节阐释了"积极应对人口老龄化"：

"弘扬敬老风尚，营造老有所养、老有所乐、老有所为的社会氛围。积极发展老龄产业，增强全社会的养老服务功能，提高老年人生活质量，保障老年人权益。实施爱心护理工程，加强养老服务、医疗救助、家庭病床等面向老年人的服务设施建设。"

与世界卫生组织提出的"积极老龄化"相比，"积极应对人口老龄化"做了进一步的扩充与完善，将发展、和谐等理念融入其中，更重视对群体老龄化而不仅仅是个体老龄化的应对，更加强调政府、社会、市场的共同行动，体系更加成熟健全，涉及领域更加广泛全面，内容更加丰富多元。可以说，这是中国在全球老龄化应对方面做出的一大贡献。

⊙ 拓展阅读

积极老龄化

积极老龄化，指人到老年时，为了提高自身的生活质量，使健康、参与和保障的机会尽可能发挥最大效用的过程。该理念始于 1997 年 6 月的西方七国首脑会议，此后受到欧盟和世界卫生组织的高度重视。2002 年 4 月，联合国在西班牙马德里召开第二届世界老龄大会。世界卫生组织向大会正式提交"积极老龄化"书面建议书，被大会接受并写进大会的《政治宣言》和《老年问题国际行动计划》。从此，积极老龄化开始被国际组织和多个国家与地区纳入老龄化的应对方案之中。

此后，"积极应对人口老龄化"先后被写入 2007 年和 2018 年的政府工作报告、《中共中央关于全面深化改革若干重大问题的决定》、十九大报告等党和国家的重要文件之中。这也表明"积极应对人口老龄化"已经成为我国的一项基础性、全局性和长期性的发展战略。

2019年11月，中共中央、国务院印发了《国家积极应对人口老龄化中长期规划》（以下简称《规划》）。《规划》近期至2022年，中期至2035年，远期展望至2050年，是到21世纪中叶我国积极应对人口老龄化的战略性、综合性、指导性文件。

2020年10月，中国共产党第十九届中央委员会第五次全体会议公报提出"实施积极应对人口老龄化国家战略"。自此，积极应对人口老龄化正式上升为国家战略。

七个扩展：不但要分好蛋糕，还要做大蛋糕

那么，积极应对人口老龄化国家战略具体体现在哪里呢？结合战略提出以来的政策文件和实践，我们认为主要体现在以下七个方面的扩展上。

一是在目标上，由老年人向老龄群体，再向全龄群体扩展，也就是从保重点人群扩展为保基本服务。

二是在定位上，由养老事业向老龄事业，再向协同老龄事业和产业扩展，也就是从政府向社会，再向市场协同应对扩展。

三是在部门上，由民政部向卫健委，再向发改委、教

育部、科技部、工信部、住建部、交通部等多部门扩展。

四是在方向上，由养老服务市场化向养老产业、老龄产业，再向银发经济扩展，也就是不光要分好蛋糕，还要做大蛋糕。

五是在体系上，由养老服务体系建设向联合健康服务体系、社会保障体系建设扩展。在强调"养"的同时，更注重建立和完善包括健康教育、预防保健、疾病诊治、康复护理、长期照护、安宁疗护的综合、连续的老年健康服务体系；全面建成覆盖全民、城乡统筹、权责清晰、保障适度、可持续的多层次社会保障体系，全面实施全民参保计划。

六是在内容上，由兜底向普惠，再向多样化扩展。如《"十四五"国家老龄事业发展和养老服务体系规划》指出，我国老年人需求结构正在从生存型向发展型转变。

七是在地点上，由机构养老向社区养老、居家养老扩展。继"发展家庭养老床位"首次被写入《"十四五"民政事业发展规划》后，《国家积极应对人口老龄化中长期规划》提出"健全以居家为基础、社区为依托、机构充分发展、医养有机结合的多层次养老服务体系"，"十四五"规划和2035年远景目标纲要进一步提出"构建居家社区机构相协调、医养康养相结合的养老服务体系"。

十个关键词：没有一件是小事

2021年11月，《中共中央 国务院关于加强新时代老龄工作的意见》（以下简称《意见》）发布。作为指导新时代老龄工作的纲领性文件，《意见》共分八个部分、二十四条，主要部署了健全养老服务体系、完善老年人健康支撑体系、促进老年人社会参与、着力构建老年友好型社会、积极培育银发经济等方面的老龄工作任务，充分体现了我国积极应对人口老龄化的理念、方针、原则和思路。

关于《意见》，企业具体需要关注哪些关键词呢？

第一个关键词是"全局"。《意见》开篇指出，有效应对我国人口老龄化，事关国家发展全局，事关亿万百姓福祉，事关社会和谐稳定，对于全面建设社会主义现代化国家具有重要意义。与前两个"事关"相比，第三个"事关"是对老龄工作地位和作用的最新判断。同时，《意见》还首次提出将老龄事业发展纳入统筹推进"五位一体"总体布局和协调推进"四个全面"战略布局，将老龄工作提升到了新的战略高度。

第二个和第三个关键词是"党委领导"和"政府主

导"。纵观《意见》全文，无论是社会环境的构建、政策法规的制定、相关资源的调配供给、市场的培育引导和监督管理，还是制定基本养老服务清单、明确养老服务标准，"党委领导"和"政府主导"可谓贯穿始终，反复强调。《意见》还明确要求，各级党委和政府要高度重视并切实做好老龄工作，坚持党政主要负责人亲自抓、负总责，将老龄工作重点任务纳入重要议事日程，纳入经济社会发展规划，纳入民生实事项目，纳入工作督查和绩效考核范围。

第四个和第五个关键词是"多元化服务"和"市场机制"。就政府、社会与市场的定位，《意见》明确提出，在党委领导下，充分发挥政府在推进老龄事业发展中的主导作用，社会参与，全民行动，提供基本公益性产品和服务。充分发挥市场机制作用，提供多元化产品和服务。这为老龄产业提供了巨大的发展空间。同时，就市场机制的地位，《意见》进一步提出，推动老龄事业与产业、基本公共服务与多样化服务协调发展。《意见》还专门在"积极培育银发经济"部分，提出规范发展与老年人生活密切相关的食品、药品以及老年用品行业，大力发展养老相关产业融合的新模式新业态等。

第六个关键词是"各方参与"。《意见》提出，形成多元主体责任共担、老龄化风险梯次应对、老龄事业人人参与的新局面,并对政府、社会、市场的关系,个人、家庭的作用,卫生健康部门、发展改革部门、民政部门等的分工,各级组织的职责,不同类型养老机构的定位,都做了进一步的明确,以推动多元力量的合作联动、政策制度的衔接配套、部门之间的功能协调。

第七个关键词是"社区养老"。《意见》提出,以居家养老为基础,通过新建、改造、租赁等方式,提升社区养老服务能力,着力发展街道(乡镇)、城乡社区两级养老服务网络,依托社区发展以居家为基础的多样化养老服务。地方政府负责探索并推动建立专业机构服务向社区、家庭延伸的模式。街道社区负责引进助餐、助洁等方面为老服务的专业机构,社区组织引进相关护理专业机构开展居家老年人照护工作;政府加强组织和监督工作。

为什么《意见》如此重视社区养老?一方面,养老机构已经得到迅速发展。据民政部发布的《2020年民政事业发展统计公报》,截至2020年年底,全国共有各类养老机构和设施32.9万个,比2015年年底增加了21.3万个,规模扩大了1.83倍;养老床位合计821.0万张,比2015年年底增加了148.3万张。另一方面,社区养老作为居家养老的重要支撑和连接机构养老的关键节点,作用特殊,地位重要。此外,《意见》还提出,充分发挥社区党组织作用,探索"社区+物业+养老服务"模式,增加居家社区养老服务有效供给。

第八个关键词是"老年教育"。《意见》提出,扩大老年教育资源供给。将老年教育纳入终身教育体系,教育部门牵头研究制定老年教育发展政策举措,采取促进有条件的学校开展老年教育、支持社会力量举办老年大学(学校)等办法,推动扩大老年教育资源供给。鼓励有条件的高校、职业院校开设老年教育相关专业和课程,加强学科专业建设与人才培养。编写老年教育相关教材。依托国家开放大学筹建国家老年大学,搭建全国老年教育资源共享和公共服务平台。创新机制,推动部门、行业企业、高校举办的老年大学面向社会开放办学。总的来说,老年教育市场可谓一片蓝海。对一些被列为学科类的校外培训机构来说,这也是一次难得的转型机遇。

第九个关键词是"老年人能力综合评估"。《意见》提出,2022年年底前,建立老年人能力综合评估制度,评估结果在全国范围内实现跨部门互认。第七次全国人口普查数据表明,我国60岁及以上人口为2.64亿人,占总人口的18.70%。另有数据表明,截至2022年年末,我国失能、半失能老人大约为4400万人，老年慢性疾病患者达到1.8亿人。人工手段已难以满足如此庞大规模人群的能力评估需求，急需研发更加便捷、更加智能的新办法。这为从事图像识别、步态识别、语音识别的人工智能企业提供了非常好的应用场景。

第十个关键词是"第三支柱养老保险"。《意见》提出，大力发展企业（职业）年金，促进和规范发展第三支柱养老保险。探索通过资产收益扶持制度等增加农村老年人收入。传统意义上，第三支柱指的是个人为养老所做的准备，包括购买房产证券、银行存款、购买基金保险等。而《意见》中凸显出对第三支柱养老保险的关注，这为保险企业带来了极大的利好。《意见》中还特别提出，鼓励商业保险机构在风险可控和商业可持续的前提下，开发老年人健康保险产品。

案例分析：日本零售业如何玩转银发经济

日本是世界上老龄化程度最高的国家。根据日本内阁府《老龄社会白皮书（2023年版）》，截至2022年10月1

日，日本总人口为 1.2495 亿人，其中 65 岁及以上 3624 万人，占 29%。预计到 2065 年，日本每 2.6 个人中就有 1 人在 65 岁以上，每 3.9 人中就有 1 人在 75 岁以上。

日本还是世界上老龄化速度最快的国家之一。1970年，日本 65 岁及以上人口比超过 7%，开始进入轻度老龄化。1994 年，日本 65 岁及以上人口比重达到 14%，进入中度老龄化。2005 年，日本 65 岁及以上人口比重达到 20%，进入重度老龄化，成为世界上最早进入重度老龄化的国家之一。

日本整个社会对老龄化都非常重视。日本政府出台了一系列的法律和社会保障制度，很多日本零售企业也顺应老年人的需求进行了产品设计和产业布局，这不仅给老年人的生活带来了便利，也使自身收获了利润的增长。

新宿京王百货：对老龄群体再细分

新宿京王百货成立于 1964 年，是日本著名老牌百货公司之一。商场位于东京新宿地铁站上方，地处日本最繁华的商业区之一（类似北京西单）。在与周边百货商场的激烈竞争中，京王百货独树一帜，凭借聚焦于老龄群体的独特市场定位得以生存发展。

走进京王百货,更加宽敞的通道、没有高低落差的柜位、大字号的价格标签、每层楼都有的休息座椅和饮水机、配置扶手的卫生间、高度相对低矮的洗手台、速度更慢的电梯……京王百货处处体现着对老龄群体的关注。同时,用传统日语的"值下げ"(打折)代替英语的"Sale",也更加符合老龄群体的语言习惯。

在楼层设计与商品安排上,药品、假发、护理用品被集中在一起,避免有此类需求的老龄者在各楼层间奔波;服装不按品牌,而是按价格、大小和颜色排布在一起,方便老龄群体的个性化选择;保持传统的地板布局,避免老顾客处于全新、陌生、过度青春化的购物环境。

为了提高客户服务和沟通质量,京王百货还设有购物顾问和色彩顾问,为老龄群体提供贴心的购物帮助和搭配建议;在自有服装品牌的设计中,要求设计师以"打扮自己母亲"的标准进行设计。

京王百货是日本最早以老龄群体为主要客源的百货商场。早在1996年,京王百货就将顾客细分为四类:65岁及以上、55~64岁、40~54岁、40岁以下。

需要注意的是，京王百货的顾客分类看似以年龄划界，其实是基于多元化的价值观和个人特征。在他们的眼中，65 岁及以上人群有良好的消费和储蓄习惯，以二战后的价值观享受休闲时光，但他们的消费仍需正当理由，喜欢成熟的商场形象与熟悉的购物环境。

55～64 岁人群出生于战后第一代婴儿潮时期，虽然比较保守，但有着与年轻一代共同的价值观，有巨大的消费潜力。他们喜欢外观漂亮的优质产品，有对国际化旅游的体验和喜好，更注重私人生活，不喜欢将生命全部投入到工作中，看重个性和来自家人、朋友的口碑信息，还对预防老龄化和健康老龄化的产品兴趣浓厚。

40～55 岁人群出生在后婴儿潮时期，他们会毫不犹豫地购买国际化、年轻风格、昂贵的名牌产品，个人消费单价水平远高于其他人群。

40 岁以下是年少的婴儿潮一代，因不超过 40 岁而在年轻时尚领域打拼。

正是基于以上观点，京王百货确立了以 55～64 岁人群为最重要目标人群，40～54 岁人群为战略目标人群的独特市场定位，并得到了市场的认可：40 岁以上的消费者数量增长明显，每年 70% 以上的销售额都是由 50 岁以上的消费者所贡献的。

永旺葛西 G.G Mall：针对老龄群体做社群化运营

永旺葛西购物中心成立于 1982 年，位于东京都江户川区。2013 年，因周围 2 公里内的 65～74 岁老龄群体占比超过 40%，购物中心四层被改造成专门面向 55 岁及以上老龄群体的 G.G Mall。

G.G（Grand Generation）一词源自日本作家小山薰堂，指的是日本战后婴儿潮、目前年龄已经超过 55 岁的一代人，有"最重要、最高级"的意思。从起名上，就可以看出永旺对老龄群体不喜欢被称作老年人的特殊尊重。

G.G Mall 称自己的设计理念是"一切从老龄群体出发"，要把老龄群体想做的事都搬进商场。

针对起床早的老龄者，这里从早上 7 点就开始营业。

针对想锻炼的老龄者，这里每天早上都有免费的健身操课程；有 180 米长、专门加宽的室内健身步道和专业的健步课程；还有专门面向老龄群体的健身房，可进行拉伸锻炼等相对舒缓的运动；还卖各种护膝、护踝、徒步手杖等运动保护装备。

针对有能力或认知障碍的老龄者，这里有免费班车接送，有参加过专门培训的服务员和购物顾问，还有可以提供康复性物理治疗和认知症辅助治疗的康复中心。

针对有娱乐需求的老龄者，这里有支持随意试用的乐器行，内有2个工作室和6间教室，提供百余种关于围棋、跳舞、瑜伽、戏剧、料理、摄影、手工艺学习的体验活动。

针对有金融服务需求的老龄者，这里有各类金融机构的服务网点，提供储蓄、理财、贷款、保险等各类服务。

针对想接触新科技的老龄者，这里的咖啡店里有电脑、平板等智能设备，可以上网、阅读电子书。

针对有宠物的老龄者，这里有提供宠物照顾与美容服务的宠物店。

针对想购买便宜商品的老龄者，这里每天早上7点至9点有"早鸟折扣"，每月15日有"G.G感谢日"，对55岁以上顾客还有额外5%的折扣优惠。

凭借这种高黏度的社群化运营，G.G Mall的月客流量达到15万人，老龄群体的日均停留时间达到3小时。

目前，永旺以G.G Mall为样板，在日本重新装修了13家分店，并计划在2025年前改造100个网点，专门满足老龄群体的需求。

超市与便利屋：融入老龄群体生活

日本的各家超市，针对老龄群体也是做足了功夫。

卖场提供经过专门设计与改良的购物车，车筐更浅，车体更轻。

货架标示清楚，高度适宜，顾客不需要弯腰或踮脚就能取到商品，还设有放大镜。

商品以小包装和轻包装为主，便于搬运。

价格标签以大字为主，容易辨认。

食物以 1 人份为主，成分少油少盐，这样既便于一次性吃完，又符合健康饮食的要求。此外，含糖的食物均带有清楚的标识，便于特殊人群选购。

收银台较矮，且配有站立支撑架。

购物区内设有厕所和休息区。

凭借无微不至的周到考虑，日本的超市将自己打造成了老龄群体的购物胜地。

遍布各处的便利屋，更是已经与老龄群体的生活密不可分。

如著名的 7-11 便利店与大和运输宅急便合作，推出了上门送餐的"七膳食"服务，为 10 多万 60 岁及以上的老龄者提供上门送餐服务。

另一家大型便利店连锁企业罗森集团则开设了"多功能"健康便利店，将药品销售、护理、营养健康咨询与便利店的功能融合在一起，招徕附近居民，特别是老龄人群的光临。同时，便利店内还设有"咖啡空间"，不仅会定期举办各种健康和护理讲座，也为居民提供了交流场所。

与7-11便利店和罗森集团齐名的全家集团则在便利店内开设食疗专柜，为糖尿病、肾病等慢性疾病患者提供90多个品种的专用饮食。

此外，很多便利店还会为老龄群体提供房间打扫、水电维修等服务，特别是在晚上和周末等休息时段。

针对便利店覆盖不到、购物不便的地区，日本一些超市还提供移动零售服务，即将轻型货车加装冰箱冰柜，搭载生鲜、米面、酒水饮料、冷冻食品等约300种商品，每周提供1～2次上门零售服务。

对老龄群体再细分、针对老龄群体做社群化运营、融入老龄群体生活……日本零售业正是通过这些微小又充满温情、传统又饱含创新的实际行动，为那些悲观于老龄社会到来的人们，提供了新的范式和新的动力。

第 3 章

建立连接
借力而行

要推动银发经济发展,必须充分认识我国人口老龄化的主要特征。只有这样,才能科学设计,提出合理的办法。

老龄化，我们不一样

与世界上其他国家相比，我国的人口老龄化具有以下三大特征。

"超级"老龄化："超级"从何而来

虽然从时间跨度来看，我国的老龄化进程将持续上百年，但就冲击的强度和剧烈程度而言，与世界上其他国家和地区的老龄化相比，我国的老龄化堪称超大规模、超快速度、超早阶段和超稳结构的"超级"老龄化。

超大规模

由于人口基数大，我国是世界上第一个也是当前唯一一个60岁及以上人口数过亿的国家。

超大规模还体现在80岁及以上高龄人口的数量上。2010年我国80岁及以上高龄人口为1904万人，2021年达到3000万人。据预测，到2033年，80岁及以上高龄人口将超过5000万人，2049年将达到1亿人，2073年将达到峰值1.34亿人。这一群体年平均净增加183万人，是老龄人口中增长最快的群体。到21世纪中叶，我国高龄人口将占世界高龄人口总量的四分之一，相当于发达国家高龄人口的总和。在21世纪90年代之前，中国将一直是世界上高龄人口规模最大的国家。到2100年，高龄人口占老龄人口的比例将达到33.6%，每9个人中就有1人在80岁以上。

超快速度

中国是世界上老龄化速度最快的国家之一。60岁及以上老龄人口占比从1999年的10.3%到预计2054年的峰值34.9%，我国将仅用55年时间，而英国、法国等国家这一过程基本都在100年以上。

超早阶段

与率先人口老龄化的发达国家相比，中国在更早的经济发展阶段进入老龄化。以人均国民总收入（GNI）为指标比较中国、美国、日本、韩国四国，老龄化水平为7%时，美国（1945年）、日本（1970年）、韩国（2000年）的人均GNI分别是中国的1.66倍、2.31倍和10.12倍；老龄化水平为10%时，美国、日本、韩国的人均GNI分别是中国的1.02倍、1.39倍和2.73倍。

超稳结构

中国老龄化水平在2054年前将呈持续增长状态，于2054年达到峰值34.9%。虽然此后老龄人口总量开始缩减，但由于其他年龄段人口将同步减少，老龄化水平仍将长期稳定在33%左右。从2054年到21世纪末，中国将一直处于超级稳定的重度老龄社会。

复杂老龄化：城镇化、现代化、数字化的叠加

我国老龄化是工业化、信息化、城镇化和农业现代化进程中的老龄化，老龄社会与经济崛起和文化复兴几乎同时到来。老龄化与信息化、城镇化的同步共振不可避免，

并已成为我国老龄化区别于许多其他国家和地区老龄化的重要特征。与此同时，老龄化引发的劳动力稀缺性提高，不仅倒逼全要素生产率提高并促使经济向高质量发展转型，也加剧了区域和城乡之间的发展不平衡。此外，老龄化还带来了诸如养老金、社会保障和代际数字鸿沟等一系列新的经济问题和社会问题。

新型城镇化协同发展

我国农村人口于 1995 年达到峰值 8.6 亿人，随后持续减少，到 2021 年年末已降至 5 亿人以下。同期，城镇人口不断增长，从 3.5 亿人增长到 9 亿人以上。下一步，我国城镇化率将于 2035 年达到 72%，2050 年接近 80%。㊀ 这意味着农村人口将减少 1.7 亿～1.8 亿人，城镇人口将增加 7000 万～8000 万人。在此过程中，庞大的流动人口将产生重要影响，深刻改变人们的生产、生活和社会交往方式，改变社会治理、社会服务和社会福利的结构与模式，改变城镇或乡村的发展方向和前途命运。

从全国来看，2020 年全国流动人口为 3.76 亿人，占总人口的 26.6%，较 2010 年增加 1.54 亿人，增长 69.7%。

㊀ 郑丹. 研究预测：2035 年我国城镇化率有望达到 72%［EB/OL］.（2020-10-31）. https://baijiahao.baidu.com/s?id=1682059185458788915.

这意味着我国有超过四分之一的人口在流动且向城镇集聚。由于人口流动具有较强的年龄选择性,其中大多数既是劳动年龄人口,又是生育年龄人口,这种规模化、常态化的人口迁移流动既是不容忽视的巨大社会变迁,也是重要的人口现象,意味着不同地方人口集聚与收缩并存的现象将日益明显。其影响的不仅是对促进人口空间合理布局、提升城镇化水平的需求,更对国家治理以及乡村振兴、新型城镇化道路建设等提出了双向挑战。

城乡倒置、区域差异引人关注

城镇化进程还彻底改变了老龄化发展的城乡格局。理论上,我国农村人口的生育水平高于城市,平均预期寿命低于城市,人口老龄化速度和程度应该低于城市。城镇化的快速发展带来大规模的城乡人口流动,形成了农村老龄化程度高于城市的倒置格局。2000年农村和城镇的老龄化程度分别为10.9%和9.7%,相差1.2个百分点;2020年分别为23.8%和15.8%,差距扩大到8.0个百分点。预计在21世纪中叶以前,城乡倒置的老龄化情形不会有根本性改变。同时,农村应对人口老龄化的经济储备、制度储备和基本建设都远远不足,却要率先迎来人口老龄化的大潮,成为未来落实积极应对人口老龄化国家战略的重点和难点。

我国幅员辽阔,各地各方面差异巨大。因此,我国的人口老龄化在区域上也呈现出很强的差异性。

根据第七次全国人口普查数据,按 60 岁及以上人口占比计算,2020 年年末全国为 18.7%。具体到 31 个省、自治区、直辖市,可以分为以下四个层次。

第一个层次为超过 20%,共 10 地,依次为:辽宁 25.72%、上海 23.38%、黑龙江 23.22%、吉林 23.06%、重庆 21.87%、江苏 21.84%、四川 21.71%、天津 21.66%、山东 20.90%、湖北 20.42%。

第二个层次为 15%~20%,共 14 地,依次为:湖南 19.88%、河北 19.85%、内蒙古 19.78%、北京 19.63%、陕西 19.2%、山西 18.92%、安徽 18.79%、浙江 18.7%、河南 18.08%、甘肃 17.03%、江西 16.87%、广西 16.69%、福建 15.98%、贵州 15.38%。

第三个层次为 10%~15%,共 6 地,依次为:云南 14.91%、海南 14.65%、宁夏 13.52%、广东 12.35%、青海 12.14%、新疆 11.28%。

第四个层次为 10% 以下,共 1 地:西藏 8.52%。

数字化、平台化、智能化带来机遇

在人口老龄化快速发展的同时，信息化也在进入新的发展阶段——数字化、平台化和智能化，呈现出全面覆盖、跨界融合、人机协同、泛在互联、动态感知等新特征。人工智能、大数据、云计算、机器人、区块链、5G、VR、ChatGPT等每一个新技术的出现，都会重构生产、分配、交换、消费等经济活动各环节，为应对人口大变局带来新的想象。

如智能汽车领域，我国提出的战略目标是：到2025年实现有条件自动驾驶的智能汽车达到规模化生产，实现高度自动驾驶的智能汽车在特定环境下市场化应用；展望2035～2050年，智能汽车充分满足人民日益增长的美好生活需要。○这意味着人类社会在从动态的游牧生活转入稳态的定居生活后，可能重新转回新的动态的"游牧生活"。同时，劳动岗位与劳动力将出现同步减少，科技对劳动力的替代明显。届时，全国8400万快递小哥、外卖骑手、专车司机、货车司机等新就业形态劳动者○需要再次

○ 国家发展改革委，等. 智能汽车创新发展战略：发改产业〔2020〕202号［A/OL］.（2020-02-10）. https://www.ndrc.gov.cn/xxgk/zcfb/tz/202002/P020200224573058971435.pdf.

○ 易舒冉. 全国新就业形态劳动者达8400万人［EB/OL］.（2023-03-27）. https://baijiahao.baidu.com/s?id=1761474450127413228.

更新自己的就业形态，这与我国劳动年龄人口到 2036 年将减少约 8342 万的预测，在数量上基本相当。

在国家层面，《国家积极应对人口老龄化中长期规划》将"强化应对人口老龄化的科技创新能力"列为应对人口老龄化的五大具体工作任务之一，提出把技术创新作为积极应对人口老龄化的第一动力和战略支撑，全面提升国民经济产业体系智能化水平。《数字中国建设整体布局规划》提出，到 2025 年，数字社会精准化普惠化便捷化取得显著成效；到 2035 年，经济、政治、文化、社会、生态文明建设各领域数字化发展更加协调充分，有力支撑全面建设社会主义现代化国家。

总的来看，信息社会与老龄社会的结合日益紧密。信息社会是老龄社会的重要支撑，老龄社会是信息社会的发展背景。人口老龄化将在基础设施、支撑平台、服务体系、终端产品、人力资源和社会保障等方面产生庞大且多元的新需求，催生无以计数的新技术、新产品、新产业、新业态、新模式，推动社会生产力整体跃升，实现经济社会的可持续发展。

新型老龄化：多元社会，多重挑战

新型老龄化，主要体现在我国从社会化、适老化、多元化和平台化等四个方面全面推动积极应对人口老龄化。

第一,社会化是积极应对人口老龄化的方向。我国家庭日益小型化、微型化。有数据显示,我国平均每个家庭户的人口已经减少至 2.62 人,这意味着传统的"三口之家"已非标配,丁克家庭、单身家庭正变得越来越多。在这种情况下,家庭的服务能力不断减弱,社会的服务能力远超家庭。只有推动社会化,全社会才能享受到更全面的服务。例如,幼儿园和学校的出现就推动了家庭中的抚育和教育的社会化。

第二,适老化是积极应对人口老龄化的基础。在制定国民经济和社会发展规划、城乡规划等各项规划时,我们必须充分考虑人口老龄化发展的趋势与特点,前瞻性地安排各项工作任务、内容和目标,全方位地推动居家适老化、社区适老化、公共交通设施适老化、城市基础设施适老化和乡村基础设施适老化等,以及服务、网络平台和信息界面等的适老化。同时,要进一步推动老龄社会相关政策法律法规体系的建立和完善。

第三,多元化是积极应对人口老龄化的动力。应对人口老龄化虽然需要政府主导建设,但不可能是政府一家独供。在老龄社会背景下,政府、社会、企业、家庭和个人,谁都不可能"自娱自乐",必须是多元参与,形成合力。政府不但要避免既当"运动员"又当"裁判员",而且要努力当好"组织者"和"领导者"。

同时,我国幅员辽阔,城乡之间、地区之间、人群之间的发展不均衡现象突出。针对不同地域、不同状态的老龄群体,各地区势必要根据当地老龄化的实际情况,分步骤、分区域探索各具特色的实践策略。因此,养老服务体系的升级方案必然是多元化的。

第四,平台化是积极应对人口老龄化的重点。依托多元化主体提供更全面的服务,离不开平台的支撑。具体而言,需要建立创新型政务、经济和社会三部门支撑平台。

创新型政务平台以满足全龄需求的便捷化公共服务为主要内容,以网络连接线上与线下,旨在实现政府组织结构和办事流程的优化重组,构建集约化、高效化、透明化的政府治理与运行模式,从而面向老龄社会提供全面的管理和政务服务产品。

创新型经济平台以新一代信息技术为基础,以海量数据的互联和应用为核心,旨在转变传统产业运行方式和价值输出模式。一方面,依靠技术进步促进经济增长,最大限度地抵消人口老龄化对经济增长的负面效应;另一方面,通过推动技术进步,增加人力资本投资、带动人才培养,提高劳动力质量和劳动生产率,从总体上应对老龄化带来的多方面挑战。

创新型社会平台以新的生态结构为重点,通过平台完善各类社会组织的分工与合作,旨在加强政府、社会、市场、家庭、个人间的融合,使其各尽其职、各施所能、各得其所,共同迎接社会、环境等多重挑战。

连接之道

我国人口老龄化的三个基本特征——"超级"老龄化、复杂老龄化、新型老龄化,要求我们将双方或更多方连接起来,共同建立良好的沟通渠道和合作机制。

连接老龄群体的七个切入点

有什么好办法接近老龄群体吗?对很多企业来说,这并不是问题。公园、超市、社区,这些都是老龄群体高度聚集的地方。在这些地方开几场讲座、做几次促销,都能够快速接触到附近的老龄群体。但是,这种接触并不构成有效的连接。它大多是企业在为自己的产品或服务做宣传推广，而不是围绕老龄群体的想法来建立长期关系。房产中介有一句话很有意思，对于"销冠"来说，他们每天最重要的业务不是推销房子，而是交朋友。

那么，我们可以从哪些方面入手来接触老龄群体呢？

一是独立。在联合国1991年通过的老年人原则中，独立是排在第一位的。目前，我国老龄群体中越来越多的人认识到了独立的重要性。他们越来越感觉到独立不只是指在生活上有自理能力，还意味着对子女的最大支持、对财富的最大节约，以及他们可以自主地掌控自己的生活。这些可以帮助他们获得认可和尊重。

二是舒适。传统观点认为老龄者会为了省钱而放弃享受。但随着整体收入的提高，越来越多的老龄者开始享受生活，他们关注有机食品、适老家具、新家电、智能手机、旅游等多个领域。2023年北京市统计局的一项调查显示，在过去一年中常住老龄群体有36.4%进行过外出旅游消费；17.0%进行过户外活动消费，12.6%进行过运动健身消费。㊀

㊀ 程婕.银发经济潜能十足 北京过半被访老人每年非基础消费金额超过5000元［EB/OL］.（2023-11-14）.https://baijiahao.baidu.com/s?id=1782526285523878235.

三是安全。70岁以上的老龄群体,身体机能会普遍出现不同程度的衰退。近年来,老龄安全教育日益深入,老龄群体非常重视跌倒、心脑血管急性疾病的威胁,由此开始关注防盗、紧急时进入、防滑倒、防跌倒类产品和服务。有调查显示,老龄群体使用意愿最高的前三类智能产品分别为"健康管理"(55.7%)、"安全监测"(46.1%)和"智能家居"(32.1%)。

四是辅助。目前,我国有约4400万失能和半失能老人。前面我们论述过,这4400万人并不是卧床不起的完全失能人,而是吃饭、穿衣、上下床、上厕所、室内走动、洗澡中至少有一项不能达标的人。现在国内相关辅具很少,供给严重不足。老龄群体对这些辅具非常感兴趣,希望这些辅具能够改善自己的生活状态。而对照护者来说,这些辅具也是雪中送炭。

五是交流。随着子女逐渐成年离家,老龄群体为了避免感到孤独和失落,会增强社交联系,以获得情感上的理解和支持。同时,通过与他人分享自己的经历、感受和想法,也可以缓解压力。老龄群体在交流中非常重视对方的反馈,并认为这是真诚和相互信任的一种表现。

六是成长。老龄群体积累了许多宝贵的人生经验和智慧，他们非常想将这些经验和智慧分享给家人和他人，启示和帮助他们。但是，随着科技的快速发展，越来越多的老龄群体也认识到自己需要不断学习、不断探索新的领域。我们发现，谁率先掌握某项功能，谁就能率先从学习者转化为教授者，并由此形成一种从分享到共同进步的正循环。

七是就医。根据世界卫生组织的数据，我国人均带病生存时间为7.7年，与高收入国家（9～10年）相比还有一定的差距。随着科技的进步，我国人均带病生存时间将进一步延长。同时，我国老龄群体中患有一种以上慢性病的比例高达75%；患高血压的比例高达58.3%，患糖尿病的比例高达19.4%。第四次口腔流行病学调查显示，我国65～74岁老年人群全口失牙率达到4.5%。首次骨质疏松全国流行病学调查显示，65岁及以上老年人群骨质疏松患病率高达32%。这些数据表明，老龄群体在就医、检查、开药、治疗、康复等各个环节上都存在巨大的需求。

不要束缚头脑和手脚

地方政府在银发经济的发展中扮演着重要的角色。发展银发经济也是地方政府追逐的经济增长点。

不同的老龄化进程，意味着各地推动银发经济的方向也不相同。

第一类情况,如北京、上海、江苏、浙江等地,经济基础好,有能力实现比较好的社会保障,发展银发经济的重点是探寻老龄社会背景下经济如何实现可持续发展的长期性、全局性解决方案。例如,经济发展理论的创新、经济发展新动能的形成、发展战略的调整、商业模式的转变等一系列重大课题。

第二类情况,如重庆、山东、湖南等地,近年来经济发展快速,虽然老龄化程度加深,但少子化不明显,发展银发经济的重点是催生新人群、新职业和新组织的主体创新,促进新技术、新主体、新连接交换的关系创新,开发面向全龄群体的产品和服务,目的是助推地方经济发展。

第三类情况,如辽宁、吉林、黑龙江等地,经济发展一般,人口流失严重,老龄化与少子化同步加深,需要中央在社会保障等各个方面大力扶持。发展银发经济的重点是构建多元化、多层次养老保障体系,推动老龄事业与产业、基本公共服务与多样化服务的协调发展。

但是,很多地方在推动银发经济发展时,认知往往还停留在健康产业、养老产业的层面上,甚至局限于单一的养老服务行业,严重束缚了自己的头脑和手脚。例如提供大量土地和税收优惠，推动以养老为主题的"养老小镇"或以健康为主题的"健康小镇"，引进国外养老集团入驻并成立高档养老社区，建设以养老或医养结合为主题的产业园区等。

各地在推动银发经济发展时，一定要结合当地的老龄化特点，厘清思路，科学施策。这个"科学"非常重要。对企业来说，地方提供的土地和税收优惠固然重要，但这些举措都只是"节流"，算不上"开源"。特别是银发经济刚刚兴起，还没有形成很好的商业模式，有很强的不确定性，需要大量的尝试和创新。为此，地方一是需要为企业提供全面完整的人口数据，如各年龄群体的分布情况、收入水平、家庭状况、需求特征等；二是可以参照无人驾驶试点区域，为企业创新产品和服务提供重要的环境和政策支持。例如，通过建设适老化试点街道，为构建适老化社会提供试点；通过实施养老服务负面清单制，尝试多样化养老产品和服务；通过设立免费 Wi-Fi 覆盖区域，推动智能化与老龄化的融合发展之路。

更重要的是，地方在构建银发经济产业链时，一定要跳出"养老企业"的小圈子，找到能够在推动银发经济发展中催生"化学反应"的"关键企业"。举例来说，一是新材料研发企业，推动研发成人纸尿裤、护理垫、护理湿巾的新材料，老人衣服鞋帽的新材料等。二是人工智能企业，推动研发智能穿戴、智能家居、智能传感、智能监测、智能评估等新技术。三是新型人力资源企业，推动发展老龄人才开发、老年人能力评估师培训等新职业。四是平台企业，推动建立在适老化基础设施上的创新型政务和社会支撑平台，为全龄群体提供全面的管理和政务服务产品，完善各类社会组织分工，形成新的生态结构。五是新型技术评价或适用性评估实验室，推动环境无障碍产品、社会适老化产品的质量提升和市场普及。

推动银发经济发展，关键是要立足当地特点，搭建起一个具备持续性、协同性、集聚性的示范体系，引导关键企业加入其中。只有这样，才能培育一个多行业、多领域相融合的新兴银发产业，形成充满活力、可持续发展的新型银发经济。

机构之间的协同和耦合

对平台企业、龙头企业等大企业来说，可以从发挥社会责任入手，针对社会的关注热点、民生保障的工作痛点、老龄群体的生活难点，结合自身的业务优势，尽快参与到老龄事业当中。这不仅有助于企业在社会上建立起良好的品牌形象，还有助于企业理解老龄社会转型带来的供需变化，更有助于企业获得老龄群体的依赖和信任，为下一步发展打下良好的基础。

具体而言，实现机构之间的连接对企业提出了五方面的要求。

一是要改变传统思维。对一些企业来说，情怀固然重要，一线实操经验也非常宝贵，但必须增强互联网思维、技术思维、金融思维。以前我们说，这些思维是企业求发展、从"鱼"变"龙"必须跳过去的"关口"；现在我们说，这些思维已经是企业求生存的底线。

二是要纵向抱团取暖。很多企业平时一心谋发展、强内功，忽视对外交流，现在要补上平时没做的"交流课"，将上下游的需求与能力接通，做到"点动成线，线动成面，面动成体"。例如，制造企业可以与服务机构联动，组织员工到养老机构一线深入了解客户的具体需求，找到产品的新突破口，按需创新，从而提高自身的竞争力。

三是要横向协同。企业应借机与科技企业、平台型企业、头部企业加强沟通。大多数企业都看好"一老一小"市场。尤其是资金充裕的平台企业和科技企业，数字化、信息化、智能化程度高，很想进入相关市场，但一直缺少好的切入点。在此情况下，企业应充分发挥已有经验，与这些大企业联动起来。

四是要多维推动。企业要与有专业知识、社会资源、熟悉政策的各种智库、平台产生更多的互动，寻找沟通和交流的机会，寻找商机与信息。这样比自己埋头蛮干更有价值，可以获得更多资源，使企业更好地生存和成长。

五是要学会主动与政府沟通。积极应对人口老龄化是社会的呼声、政府的要求，更是企业的机遇。要缩小政策与落地实施结果之间的差距，企业不能被动地等着政策上门，而是要千方百计地主动向政府去反映自己的难处和需求，是资金、技术方面还是基础设施方面。企业要把自己的难处和需求想明白、讲清楚。只有这样，政府的配套措施才能配得更实，更符合企业下一步发展的需要。

案例分析："以地养老"能破解农村养老困境吗

近年来，老龄化趋势带来的养老问题，总会成为两会代表和社会舆论高度关注的热点议题之一。特别是我国农村与城市相比，不仅老龄人口占比高，而且增长速度快。同时，从国际视角来看，即使是在发达国家，农村的社会保障和社会服务等软环境，以及公共基础设施和生活服务设施等硬环境，也远远落后于城市。因此，让农村老人老有所依、老有所养，不光是中国面临的问题，也是一个国际性难题。

在这种背景下，有政协委员针对农村养老问题提出，发挥农村土地财产性权利的作用，探索农村"以地养老"模式。该提案主要参考城镇地区"以房养老"的模式，由农村村民与政府签署自愿有偿退出宅基地协议，政府在考虑未来土地增值因素后确定补偿资金并分期支付，农村村民在世期间宅基地和地上房屋仍然归其使用，去世后由政府收回。这种模式不仅使农民可以享受到土地增值收益，政府也可以通过回收的建设用地和指标在土地市场上进行交易获取资金，从而形成闭环。那么，"以地养老"能够缓解农村养老的困境吗？

要回答这一问题，我们不妨先来看看城镇"以房养老"的进展情况。2013年9月，《国务院关于加快发展养老服务业的若干意见》首次提出开展老年人住房反向抵押养老保险试点。2014年6月，中国保监会发布《中国保监会关于开展老年人住房反向抵押养老保险试点的指导意见》，允许符合条件的保险公司自2014年7月起在北京、上海、广州、武汉四个城市进行试点。此后，全国虽然有多家保险公司取得了业务资格，但只有幸福人寿一家保险公司实际开展了此项业务。2015年3月，幸福人寿推出国内首款"以房养老"保险产品——"幸福房来宝老年人住房反向抵押养老保险（A款）"。"以房养老"由此成为城镇老人养老的选择之一。然而，截至2019年4月，该产品推出四年来，累计参保的仅有来自133个家庭的194位老人。

"以房养老"遇冷，原因是多方面的。对保险公司来说，此项业务流程复杂、期限较长，面临配套政策不完善、利率调整、通胀变化、房价波动、老人长寿、现金流不足等多种风险；对老人来说，此类产品理念较新，与传统观念有相悖之处。老人不仅需要自己同意，还需要考虑家人能否够接受。其中最核心的难点，我将其归纳为两个"不确定"：一是房子价值高低的不确定；二是老人领取养老金总额的不确定。这两个"不确定"，无论哪一个都会让供需双方顾虑重重。

在北上广这样寸土寸金的大城市推广"以房养老"都如此之难，更遑论农村了。更为重要的一点是，与城镇居民购买的商品房不同,农村的宅基地是集体建设用地,是农民作为该村村民,无须缴纳任何土地费用即可申请享有的一项福利。因此,农民对宅基地只有使用权,没有所有权。农民去世后,如果继承人也是该村村民,符合宅基地申请条件,可以经批准后继承;如果不符合申请条件,如继承人是城镇居民,则必须将房屋卖给该村其他符合申请条件的村民。如果继承人不愿出卖,则该房屋不得翻建、改建、扩建,直到处于不可居住状态时,宅基地由村集体收回。2019年9月,中央农村工作领导小组办公室 农业农村部《关于进一步加强农村宅基地管理的通知》发布,明确要求严格落实"一户一宅"规定,严禁城镇居民到农村购买宅基地。所以,农村推行"以地养老",首先要过的就是"政策关"。

其次,农村推行"以地养老"还要过"理念关"。农村老人思想相对传统,对土地、房屋的感情深厚,再加上宅基地是"一户一宅",强调以家庭为单位,很少出现放弃申请宅基地的情况。这些因素势必导致"以地养老"的需求不多。

最后,农村推行"以地养老"还要过"经济关",也就是谁出钱。从观察到的情况看,如果一个村子村集体有钱,又或者是村里有几个"能人",那么这个村子的养老基本就不成问题。如河南省太康县正在探索的"五养模式":以公办敬老院为主,接纳农村特困老人实行"集中供养";与医院等社会力量合作,对失能、半失能特困老人实行"社会托养";对身体健康、要求在家生活的特困老人,引导亲属进行"亲情赡养";将农村闲置庭院等改建为"居村联养"点,供养不舍故土的独居特困老人;对不愿离家的独居老人,开发邻里照护公益岗位,进行"邻里助养"。

因此,破解农村养老困境,关键在于如何充分激活农村的内在活力。以荷花基金会在河北农村地区实施的"妇老乡亲"项目为例,该项目鼓励农村留守老人和妇女建立老年协会或妇女组织,从发动村民参加活动到引导村民自己组织活动,从为村民提供资源到发动村民自己寻找资源,逐步扶持农村自组织成长。截至 2019 年 11 月,荷花基金会共资助 9 家项目团队开展助老服务工作,该养老模式已在河北太行山区 7 个乡镇、22 个村庄得到推广,惠及近万名农村老人。

俗话说,"授人以鱼,不如授人以渔"。关于"以地养老"的提案,虽然推行起来有诸多难处,不过其立意我非常认同,即破解农村养老困境的关键就在农村自身。

第 4 章
立新破旧
寻找第二曲线

　　立新破旧的基础是对人口老龄化影响的认知。只有充分理解人口老龄化的冲击,才能更好地驱动创新、适应变化、规避风险和减少不必要的损失。

用新行为打破旧逻辑

立新破旧与破旧立新的不同

破旧立新是一个汉语成语,意思是破除旧的,建立新的。而在这里,我们用的却是"立新破旧"。从字面上看,二者只是前后顺序不同,但含义却大相径庭。

"破旧立新"的思维方式和行为方式是通过否定旧的实现自我更新,从而实现质的飞跃。在发展、进步和改革中,先要打破旧的框框和条条的束缚,才能推动事业不断取得新突破和新进步。

"立新破旧"则是首先确立新的模式和框架,然后再去打破旧的框框和条条的束缚。这种思维方式和行为方式是通过肯定新的实现自我超越,从而实现质的飞跃。这种思维方式更注重创新和突破,更注重从整体上把握事物的发展趋势和规律,更注重从实际出发去解决问题。

简单而言,"破旧立新"是在否定中实现自我更新,而"立新破旧"则是在肯定中实现自我超越。

鉴于人口老龄化和老龄社会是人类历史上前所未有的机遇和挑战,通过立新破旧来推动银发经济发展,可以更好地驱动创新、适应变化、规避风险和减少不必要的损失。

我曾遇到这样一个案例。某企业家经营外贸服装厂多年,由于竞争日益激烈,产生了转换赛道的想法。后来又因为家中老人生病,他深感养老的必要性,于是决定将工厂停产改建为养老院。但他不知道的是,工业用地转养老用地,需要先改变用地性质。结果,楼盖好了,环境也改造了,就是无法开门营业。好不容易等到几年后政策放宽,当地政府也不懈努力,养老院才得以开业。可是此时无论是装修还是设备,已经普遍过时。如果想要得到比较高的评分,还需要重新改造。可这位企业家在前几年的坚持中已经将市内的房子都卖了,很难再筹措到这样一笔资金。每次走进这家养老院,我心里都是唏嘘不已。

无独有偶。几年后我又遇到了一位企业家。这位企业家也是开服装厂的，不过她主要做的是老龄服装，并且已经在多个城市的商场和超市设有专柜，但是近几年的销售成绩越来越不理想。这时，有人劝她转做养老服务。她自己也已经快 60 岁了，觉得转做养老服务也不错，起码能解决好自己的养老问题。在了解了前面提到的外贸服装厂的遭遇后，她打消了转行的念头。我们转而讨论了老龄服装的场景化和功能化。最后的理想成果是，她决定回去后根据自家服装厂的特色和优势，重新设计产品，如老龄群体穿的冲锋衣裤、背的户外双肩背包等。

行动为先，企业要如何做

说完了思维上的转变，下面我们再来说说企业可以采取哪些具体行动？

第一，对已有成熟产品和服务的企业来说，可以将老龄群体拓展为新用户。事实上，这也是很多企业正在做的事。例如，小到智能音箱，大到智能机器人，各种智能设备正在争相进入养老机构和老龄家庭；一些洗浴、足疗机构专门也针对老龄群体提供优惠和上门服务；一些企业正在通过举办广场舞、摄影比赛等文体活动，吸引老龄群体并将他们转化为新用户。

在科技领域，小米科技 To B 事业部将养老作为六大行业智能场景解决方案之一。小米 To B 业务部销售副总经理申达曾在康养 CIO 大会上表示："小米的智慧健康养老方案中一个重要组成部分就是智能终端模块，包括小爱音响养老服务等；在居家养老模块，设备和平台的相对互联，抓准长者安全、健康、舒适、愉悦四大需求；在与机构或政府的合作上，开放相应管理平台，把数据交给养老机构和政府。"

华为则利用其大数据、人工智能、物联网技术等优势布局智慧健康养老产业。如在产品方面，华为于 HarmonyOS 2 系统中内置了"老人模式"。华为云还推出云巢智慧康养物联网加速器计划，基于智慧康养物联网场景，联合合作伙伴，共同推出智慧康养产业物联网一站式解决方案，从技术、资源、商机等多维度为企业提供扶持，共建智慧康养行业繁荣生态。华为光接入产品线总裁周军在"2022 年广东省世界电信和信息社会日纪念大会"上表示："层出不穷的健康监护、沟通娱乐、远程照护的数字家庭业务和智能产品在很大程度上可实现'智慧健康养老'，但前提是家里有一张高速、稳定的家庭网络。为此，华为推出 FTTR 全光房间方案，协助构建智慧健康养老全光数字底座。"

第二，研发新的产品和服务。这主要包括三类产品和服务：一类是针对老龄群体需求提供的新产品和新服务，如更容易抓握的筷子勺子、更方便使用的刀剪、更轻便的拐杖、方便照护老人的日间照护中心、为家有卧床病患提供帮助的喘息服务中心，诸如此类，很多很多；二类是针对政府民生保障平台提供的新产品和新服务，如各类民生保障平台的建立与维护、监管平台的设立与实施、老年人能力评估平台的数字化与智能化等；三类是为养老机构提供的企业服务，如提供搭建小型运营管理系统的产品和服务，推动老年人档案的数字化，提高日常数据的登记管理效率。

以护工人员排班机制为例，一家养老院采用的排班机制是"三班制"模式，即三组护工人员，每人工作 8 小时，休息 16 小时。但由于存在护工人员需求量大，且夜班人员更辛苦等问题，所以需要改变排班机制，比如结合工作强度排潮汐班。这样不仅可以拥有更多种排列组合，让护理员能更快恢复体力，还可以优化人力。比如日本一家养老院排出了 30 种班次，可见其对护理人员的排班机制合理优化到了什么样的程度。

第三，着眼长远发展，做好内部准备。人是经济的主体，也是企业的根本。老龄化对企业的影响不容忽视。例如，企业中的老员工怎么办？如何在他们的体力能力范围内安排好他们的工作，避免人浮于事、高薪（老员工工资不断上涨）低能？如何发挥他们的经验优势，为企业创造更大的财富？对管理人员来说，如何管理比自己年龄大的员工？这些都是企业下一步将面临的现实问题。

对此，日本企业的做法是，将老员工与年轻员工共同编组，展开生产竞赛和征求工作建议，这既调节了老员工和年轻员工的关系，又充分发挥了老员工和年轻员工的不同优势。

此外，企业还将面临的问题有：整个劳动力市场老龄化后，企业去哪里找到年轻的劳动力？要不要雇用老龄群体？老龄群体的社保缴费标准怎么定？如果政府有鼓励补贴，要不要申领？

还记得韩非子笔下的《扁鹊见蔡桓公》吗？目前，这些问题尚在企业的肌肤纹理之间，但已有危及肠胃之势，切不可等到病入骨髓之时再治。那时，说什么都晚了。

对很多企业而言，过去20年的生存与发展得益于第一次人口红利；而未来 20 年的生存与发展，将取决于企业现在对此的认识和准备程度。

⊙ 拓展阅读

人工智能应走出年龄误区

"我们拥有一支年轻、充满活力的研发团队"，这几乎是所有人工智能企业的宣传口号之一。年龄大小似乎已经成为评价人工智能企业的标准之一。

事实好像也是如此。腾讯研究院发布的《2017 年全球人工智能人才白皮书》显示，在人工智能顶尖学者中，不满 50 岁的占 66.2%；在领先的人工智能企业家中，不满 50 岁的占 77%；在顶级实验室负责人中，不满 50 岁的占 74%。只有人工智能投资人年龄偏大，不满 50 岁的占 37%。

实际上，对人工智能企业来说，在技术创新、产品创新的过程中，恰恰最需要发挥老龄群体的两大优势：一是经验，二是习惯。

老龄群体难以了解和适应新技术，是当前社会的主流观点之一。但这种观点忽略的是，老龄群体虽然可能不了解最新的技术，但他们在成长过程中经历了很多次技术的革新。对于新技术，老龄群体拥有年轻群体所没有的评价权。

同时，老龄群体已经形成了稳定的习惯。这些习惯，对急需应用场景的人工智能企业来说更是至关重要。甚至可以说，这些习惯是人工智能破解人类密码、从技术走向产品的关键所在。

所以我们可以大胆设想，年龄大小可能会成为评价人工智能企业成熟度的新标准。只是标准将发生变化，年轻不再是优势。只有那些勇于面对老龄社会、接受老龄群体的人工智能企业，才能在未来走得更远。并且，不仅是人工智能企业，所有企业都应该对此有新的认识和新的行动。

产品设计，要认清四个"最"

老龄群体的经验和习惯，是技术创新的前提和基础。基于这一观点，我认为要做好产品设计，让老年人获得更好的用户体验，关键在于认清以下四个"最"。

最容易犯的错误，是醉心于满足所谓"老年人的需求"。这种关注所谓"老年人的需求"的做法，本身就是为设计设限，使其降维。要做好设计，一定要忘记年龄，关注功能。不要想着为老年人设计产品，而要想着是为有需要的人设计产品。只有这样，你才能更科学、客观、准确地找到你的客户群体，进而确立你的设计原则和目标产品。

最常见的做法，是鼓励设计师更多地进行体验式设计。比如，蒙上眼睛，或戴上高度数的老花镜、近视镜；堵住一只或两只耳朵；绑住一条腿或一条胳膊。这样做的目的是通过削弱或限制设计师的活动能力，让他们更好地体会用户的需要。

最有效的做法，是将老龄群体融入设计过程。比如，在设计前期，认真征询老龄人群的意见，特别是他们对设计需求和目标产品的看法。在设计中，可以让有设计经验的老龄人群全程参与，他们往往会发现年轻设计师想不到的东西。对于设计出的产品，要让老龄人群充分试用，特别是要做好交叉试用。

最经常被忽视的，是产品说明和宣传。这一点非常重要。很多产品在这方面都做得不是很好，有的是功能介绍得不到位，说明书写得不清楚，还有的是产品功能宣传得天花乱坠，但说明书里具体介绍很少。说明书编写人员最常犯的错误就是"想当然"。强烈建议企业聘请老龄人群来编写说明书或参与说明书编写工作。这对企业提升产品销量大有益处。各大视频网站上常见的演示视频，不是过"粗"，就是过"细"。要么是讲解速度太快让人跟不上，要么是讲解速度太慢叫人等不及。视频制作者往往忘了，现在的视频播放设备与以往已经很不同了，随时可以暂停。可以说，视频已经不光可以观看，更可以随时"细读"。因此，在制作演示视频时，与播放速度相比，对步骤清晰合理的说明更重要。

变化从未停止，你我都在局中

在人口老龄化的影响和冲击下，从中国到全球，社会结构、社会形态、社会政策和工作生活等和各个方面都在持续发生改变。并且，这种改变的广度、深度和强度日益超出人们的理解和想象。

开启"第三人生"

从人的个体变化趋势看，在生命长度、生命结构、生命呈现等多个方面都涌现出了新的生命形态。

新长度——更长生命

人的寿命到底有多长？2016 年，世界上最早的国际性科技期刊——英国《自然》杂志刊载的一篇文章提出，人类寿命的自然上限约为 115 岁，可能的最长寿命是 125 岁，未来出现超过 125 岁的长寿老人的概率低于万分之一。尽管这个概率听起来很低，但在全球近 76 亿人口的背景下，这意味着未来或将有近 76 万人能活到 125 岁以上。76 万人，这个数字好像又不太少了。2018 年，世界上最权威的学术期刊之一——美国《科学》杂志刊载的一篇文章进一步颠覆了我们的想法。这篇文章认为，人类寿命没有固定极限，超过 105 岁后，人类的死亡率将不会上升。而日本 2019 年的一项调查显示，现在 60 岁及以上的人口中，有四分之一的人寿命可以达到 95 岁。

而从我国的情况来看，2020 年第七次全国人口普查显示，我国百岁老人达到 118 866 人，首次成为全世界百岁老人最多的国家。

此前，我国百岁老人 1953 年为 3384 人，2000 年达到

1.79万人，2010年为3.59万人。预计到2050年，我国百岁老人将达到48.8万人。[○]

新结构——纵向的"第三人生"

随着寿命的延长，人的老龄期特别是健康老龄期将不断延长，进而产生新的人生阶段——第三人生。这是有别于未成年期"第一人生"和中青年期"第二人生"的全新生命阶段。

在农耕社会，人的平均预期寿命很短。人基本是一生劳作，直至工作能力与生活能力尽失，老年期非常短暂。

在工业社会，人的平均预期寿命明显延长。是否退出工作岗位，主要取决于人能否跟上机器的工作速度。大部分人退休时还有相当的生活能力，离去世还有相对较长的时间，老年期往往在10年以上。

在信息社会，人的平均预期寿命大幅延长，工作和生活形式也发生了巨大的变化。绝大多数人退休的标准只是年龄是否达到，从不工作至去世中间还有非常长的时间。在至少20年的老年期里，人们不仅具有享受生活的需求和

○ 杜鹏. 中国人口老龄化现状与社会保障体系发展［J］. 社会保障评论，2023，7（2）：31-47.

能力，而且具备深度参与经济和社会发展的工作需求和能力。这就是"第三人生"。

◉ 拓展阅读

鼓励老龄群体创业，应该怎么做？

在辽宁省政府 2018 年 6 月 25 日印发的《辽宁省人口发展规划（2016—2030 年）》中，开发老年人力资源被列为积极应对人口老龄化的三大措施之一。措施的核心主题是"充分发挥老年人参与经济社会活动的主观能动性和积极作用"，具体内容包括：一是实施渐进式延迟退休政策，逐步完善职工退休年龄政策；二是有效挖掘开发老年人力资源，建立老年人才信息库；三是大力发展老年教育培训，支持老年人才自主创业；四是鼓励专业技术领域人才延长工作年限。

通过促进老龄群体就业来应对人口老龄化，辽宁的这种政策倾向可圈可点。很多面临人口老龄化的国家也都是这样做的。主要做法大致可以分为两类：一是针对企业，通过提供补助、减税优惠等，增强雇用动机，鼓励新雇或留用老龄群体；二是针对老龄群体，建立就业指导中心、就业信息库，提供就业帮助，鼓励继续就业或自己创业。专家和学者也普遍认为，促进老龄群体就业既可以提高他们的收入，也有助于他们延长参与社会活动的时间，更好地保持身体健康和积极心态。

实际上，国外老龄群体即使有国家的政策倾斜和就业帮助，仍然面临种种障碍，想找到一份工作并不容易，即使找到了也并不令他们满意。从所在行业来看，国外老龄群体就业大都集中在农业和服务业，进入政府和企业的并不多。从工作性质来看，国外老龄群体大多从事的是个体经营或非正规工作。从工作周期来看，国外老龄群体大多从事的是短期性、临时性的不稳定工作。从工作收入来看，国外老龄群体就业多在低收入岗位，只是有助于维持生活，很少能改善生活。从企业态度来看，由于政府补助不高或补助时间有限，国外企业雇用老龄群体并不积极。从社会层面来看，国外老龄群体的就业率受所在国家整体失业率的影响很大。在失业率高的国家，年轻人就业尚且困难，何况是老龄群体。可以说，各国的措施只是部分解决或在短期内缓解了问题。很多失业的人认为与其发政府补助给企业，还不如直接发放给个人。在失业率高的国家，年轻人往往不支持促进老龄群体就业，这也加深了代际间的矛盾。还有一些措施缺乏普遍性，让大多数人感到用不上、用不着。

与政府和企业相比,国外各类社会组织在促进老龄群体就业方面作用明显。对很多人来说,退休后加入一个甚至多个社会组织已经成为一种常态。究其原因:一是社会组织欢迎老龄群体加入。对社会组织而言,老龄群体虽然体力有限,但时间宽裕,而且老龄群体大都社会经验丰富,善于解决工作中遇到的各类问题。二是这些社会组织大都是公益性组织,让老龄群体更有荣誉感和收获感。三是社会组织的多样性,为老龄群体提供了更多的选择空间,让老龄群体感到是自己在选择工作,而不是被工作选择。

如上所述,以"用老"来代替"养老",激活老龄群体活力,是适应老龄社会人口结构变化的客观要求。但从文件所列举的措施上看,辽宁还需要深入研究老龄社会背景下经济发展的特点,充分借鉴国外的经验和教训,切实发挥各群体的积极性和作用。只有这样,才能形成一套切实可行、行之有效的落地方案。

新呈现——横向的"第三人生"

在信息社会,物理空间的"第一人生"、网络空间的"第二人生"以及线上线下、虚拟现实深度结合的"第三人生",与生命结构从退休到失能的"第三人生"形成了横向与纵向的历史性交汇。

在这个横向的"第三人生"中,随着以互联网为核心的信息技术的发展,人工智能、基因技术等新兴技术群的崛起,以及智能手机、可穿戴设备和机器人等装置的广泛应用,各类智能化软件和硬件正在成为人的身体和思维的延伸。人与机器特别是智能机器的相互融合,使得人的生命呈现方式快速演化,纯粹自然和原始意义上的"人"正在消失,人机融合的"后人类时代"正在到来。

⊙ 拓展阅读 •

互联网时代,死亡可不能一了百了

2019 年 8 月,一条标题为《我死后,网络世界里的"我"怎么办》的文章引发热议。文中写道:

牛津大学曾有一项研究表明,在半个世纪之内,Facebook 可能会被私人占领,届时去世的用户会比活着的活跃用户还多。日本 NHK 电视台也曾做过一项调查,数据显示 55% 的日本网友对如何处理数字遗产感到不安。同时,95.2% 的网友不知道该拿数字遗产怎么办。

以往的遗产主要是身外之物，涉及人格利益的东西较少，或不作为主要遗产。而现在各种社交账号等虚拟账号中包含的人格性成分之多，足以形成一个"数字遗体"。一个人愿意在过世之后将传统的身外之物交给法定或意定继承人，但这并不意味着，这个人同样愿意在过世之后将拥有自己人格的"数字遗体"交给他们。何况，继承对"数据遗体"来说并不是好的处理方式。

这是个人的困惑，也是社会的困惑。

婚姻观的变迁：从晚婚、离婚到不婚

初婚越来越晚

自20世纪90年代以来，我国男女平均初婚年龄持续上升。据2022年6月国家统计局发布的《中国人口普查年鉴2020》，2020年，我国平均初婚年龄为28.67岁（男性为29.38岁，女性为27.95岁）。相比2010年的24.89岁（男性为25.75岁，女性为24岁），10年间平均初婚年龄推迟了近4岁。

在部分省市，初婚年龄推迟得更加厉害。如湖北省襄阳市2021年男性平均初婚年龄为35.23岁，女性为33.96

岁，比 2016 年的 29.41 和 27.27 岁推迟了近 6 岁和近 7 岁。安徽省 2021 年平均初婚年龄分别为男性 31.89 岁，女性 30.73 岁。江苏省 2022 年初婚平均年龄为 27.49 岁，其中男性为 28.19 岁，女性为 26.74 岁。

总体来看，我国平均初婚年龄正接近主要发达国家。根据经合组织的数据，2019 年主要发达国家的平均初婚年龄：日本男性为 31.2 岁，女性为 29.6 岁；韩国男性为 33.4 岁，女性为 30.6 岁；美国男性为 29.8 岁，女性为 28 岁；欧盟 27 国平均初婚年龄为男性 33.3 岁，女性 30.7 岁。

结婚率持续下降

结婚率是指一定时期内（通常指一年）结婚人数与同期一定范围内人口数的比率，表明结婚频繁的程度。最常见的结婚率指标，是以一定时期结婚人数（或对数）与同期总人口数相比，称为总结婚率，简称结婚率。

2013 年，我国结婚登记对数为 1306.7 万对，结婚率为 9.9‰，此后便一路下滑。到 2022 年几近腰斩，结婚登记对数降至 683.5 万对，结婚率降至 4.8‰。2023 年，受新冠疫情挤压反弹和 2024 年无立春的传统思维影响，结婚登记对数和结婚率均呈现上升态势。据统计，2023 年前三季度全国共办理结婚登记544.5万对,较去年同期增加24.5万对。

从年龄上看,25～29岁年龄段的结婚人数最多,有509.1万人,占结婚登记人数的37.24%,自2013年以来,该年龄段连续十年成为占比最高的年龄段。其次是30～34岁年龄段,有283.2万人结婚,占结婚登记人数的20.7%。

从地域上看,经济越发达地区结婚率越低。如上海的结婚率在全国长期垫底,2022年年底仅为2.90‰。福建、山东、广东、北京等地结婚率也长期偏低。而贵州、西藏、云南、宁夏、青海等地结婚率在全国长期居高。

⊙ 拓展阅读

结婚率下降,是问题还是进步?

结婚率下降,正成为全社会关注的热点之一。并且,这一现象不仅在中国出现,在我们的近邻日本、韩国,在世界发达国家中的美国、德国、法国、英国,在以高福利著称的瑞典、挪威、芬兰,都出现了结婚率持续下降的现象。可以说,结婚率下降已经成为一种趋势,在许多国家都受到了高度关注。

那么，到底是什么原因使结婚率持续下降呢？对此，大家有各种不同的看法。有观点认为，一是穷，是过高的物质条件让人们对婚姻望而却步；二是怕，是对婚后生活的各种担心让人们在婚姻面前踌躇不前。

但是，从更深的层次来看，结婚率下降与经济的发展和社会的进步是密切相关的。

第一，个体的生活能力有了明显的提高。与以往相比，人们手中可支配的资源越来越多，个体越来越能够负担起独自生活。吃饭，可以交给外卖；娱乐，可以交给直播；情感，可以交给宠物。特别是城市生活带来的各种便利和安全保障，不仅满足了个体生活方方面面的需求，更极大地丰富了个体生活的广度和深度。

第二，女性的社会状态有了巨大的变化。女性劳动参与率的提高，让她们在政治、经济、社会等各个领域，都获得了不输男性甚至超过男性的地位与成就。传统的男主外、女主内的性别分工和男强女弱的社会形态被打破。这推动更多的女性参与到工作当中，形成了良性循环。工作使女性获得了更多的资源，拥有了更好的生活。同时，婆媳关系、家庭暴力、离婚率增高等负面报道层出不穷，确实也加剧了女性的担忧。

第三，人们对情感的品质有了更高的要求。追求更好的生活，既是人的本性，也是人的权利，更是人的希望所在。随着生活水平的提高，人们自然要提高对生活的要求。生活是这样，情感也是这样。人们择偶标准的提高，不光是物质条件的提高，也有对更好情感体验的期待。并且，在传统择偶观念中，男性希望对方不高于自身水平，女性希望对方不低于自身水平，这进一步增大了找到另一半的难度。

第四，人们的婚姻生育观有了全新的改变。以往，恋爱、结婚、生孩子，对绝大多数人来说是同一件事情，是连续发生的。但现在，人们对恋爱、结婚、生孩子的认识有了全新的改变，开始把这三者视为三个独立的阶段，并为这三个阶段设置了不同标准的新门槛。比如，娱乐内容和形式的丰富多样，带来了更高的恋爱成本；房子、车子等物质条件上的要求，加重了婚姻的负担；优生优育观念的普及，提高了生育的标准。于是，恋爱、结婚、生孩子之间的间隔越来越长，联系越来越弱。

从上面的分析中我们可以看到，正是经济的发展和社会的进步，促使个体出现了上述变化；正是经济的发展和社会的进步，让"人是否结婚？"这个问题从单选题变成了多选题，从简答题变成了论述题，并且，随着社会包容度的提高，答案日益没有对错之分，只有选择不同。

所以，今天我们讨论结婚率下降，不能只局限地认为这是一个社会问题，还要看到这是一种社会进步的反映。只有站在人类发展的高度上，探寻结婚率持续下降趋势的全面性、深刻性、复杂性因素，才能知道今天"什么样"，昨天"为什么"，明天"怎么办"。

实际上，结婚率下降，并不等于结婚意愿下降。现实生活中年轻人面临的，并不是要不要找另一半的原则问题，而是如何找到另一半的实践问题。在年轻人不到三分之一的人生中，他们现在的选择远谈不上是终身孤独，更多的只是一种过渡性孤独。令他们困惑的是不知道去哪里找到另一半，不知道什么时候找到另一半。

况且，没有恋爱和婚姻，并不代表单身生活就是无趣的、离群的。友唱KTV、胶囊酒店、一人食餐厅……最近被热炒的"单身经济"，正在为人们描绘一个无法想象的单身世界。

另外，导致结婚率下降的，并不完全是年轻人。年轻人不仅要找到自己喜欢且喜欢自己的人，还要找到双方家长喜欢且喜欢双方家长的人。从爱情的"两情相悦"到婚姻的"两家相合",确实不是一件低难度、高概率的事。

最后要讨论的是,如果我们不想让人们结婚越来越晚、结得越来越少,那么我们应该怎么办?

我觉得,一是要尊重人的自由选择,不能强加干涉,不能强加各种道德指责。我们要做的,是尽可能告知他们选择的多样性、生活的丰富性,以及选择的经验性结果和社会性后果。毕竟大禹治水的经验早就告诉我们,洪水面前,堵不如疏。二是要营造一种适合的工作和生活氛围。在工作节奏加速、生活压力加大的今天,别让男女相遇真的成了一种娱乐或者商机,而是要切实为他们提供一个在线上和线下能够早日遇到对方的机遇,以及一个让他们能够少担心甚至不担心的心理预期。三是要展现出更大的包容和理解,充分认识到代际间人生观、价值观、世界观的不同,以及由此带来的婚姻生育观的不同。

毕竟,强扭的瓜不甜。如果我们只是想方设法把更多的鸟送入金漆的鸟笼,那么早晚有一天,鸟还是会飞走的。

离婚率持续上升

离婚率,指离婚的比率,可用于衡量和评价某个国家或地区的婚姻稳定和幸福程度。我们所说的离婚率一般指年度离婚对数与总人口之比,又叫粗离婚率(crude divorce rate),通常以千分率表示。

我国的离婚率自2003年起逐年上升,至2019年达到顶峰3.4‰。近两年也维持在2.0‰以上。其中,25～35岁的年轻人已经成为离婚的主力军。

从数量上看,我国每年离婚数量从2013年的133.1万对增长到2019年的470.06万对。

具体到各地来看,北京每天有近150对夫妻协议离婚、家庭解体;上海因感情不和或破裂、性格不合等离婚的夫妻占离婚登记总数的95%;重庆离婚与结婚比长期保持在1:3,相当于每3对夫妻中就有1对离婚。

◉ 拓展阅读

离婚的商机——离婚跟拍、离婚派对与婚纱照销毁

年轻人面对离婚时的态度和想法正在发生变化。对他们而言,离婚似乎正在变成一件"平和的事"和"有意义的事"。于是,他们在离婚时一扫以往的阴霾,开始选择办离婚派对或离婚跟拍。

电影《非诚勿扰2》的开头就是一段离婚仪式。现实中的离婚派对虽然没有那么奢华，但风格总体相似，通过仪式展现一段关系的终结。

而离婚跟拍则是通过拍照、Vlog，记录自己一个阶段的结束和一个新阶段的开始，将离婚跟拍变成离婚过程中的一个仪式。虽然业务量不大，但这已经成为不少摄影师和照相馆的第二曲线。

离婚之后，那些材质坚硬、装帧精美、或大或小的婚纱照的去留也成了一个难题。2023年3月，有人开始经营婚纱照销毁业务。三个合伙人没有大规模地宣传推广，而是通过在小红书和抖音上发视频或图文引流，一对一与客户交流确认。

婚纱照销毁业务按重量计费，收费标准起步为59元，25公斤内收费159元，超出部分则按每公斤8元收费。

在初创的几个月里，业务量仅为个位数，进入9月后，渐有起色，到11月，业务量激增，订单量达到近260单。到2023年年底，他们共接到咨询几千次，共成交了近450单。近9个月的数据显示，客户年龄以24～40岁为主，离婚的居多，女性占了约七成。

在销毁婚纱照的过程中，也遇到过一些峰回路转的情况。有些客户在决定销毁后又重归于好，幸亏销毁得慢，婚纱照才得以保存下来。鉴于此，他们又增设了婚纱照寄存服务。

"三口之家"已非标配

家庭规模小型化

第七次全国人口普查数据显示，2020年全国家庭户4.94亿户，相比2010年的4.02亿户增加了0.92亿户，增长率达22.9%，年均增长率为2.08%。家庭户数量的增幅显著高于人口的增幅，且其增幅及增速明显提升。

不过，从家庭户结构来看，整体呈现出家庭规模小型化、大家庭比例下降的发展趋势。平均家庭规模从1982年的4.41人缩小到2000年的3.42人、2010年的3.10人、2020年的2.62人，这意味着传统的"三口之家"已非标配。

1人户和2人户的占比持续上升，其中1人户的升幅显著加大，从2010年的5840万户增长到2020年的超过1.25亿户，占比从约七分之一增长到超过四分之一。

独生子女家庭占全国家庭总数已经达到三分之一，并呈增长趋势。据估计,无子女老龄家庭将由 2010 年的 840 万户增加至 2050 年的 4000 万户。

家庭规模小型化将带来诸多影响,包括家庭关系简单化、家庭结构残缺化、家庭照护脆弱化、家庭冲突趋强化、家庭角色失范化、家庭支持社会化等。

面临高风险的独居和空巢老龄家庭在持续增加。无配偶老龄人口 2010 年为 5162 万人,预计 2030 年将倍增至 1.05 亿人,2055 年左右达到峰值约 1.62 亿人,2100 年仍保持 1.40 亿人。丧偶老龄人口 2010 年为 4786 万人,预计 2030 年将倍增至 9770 万人,2055 年达到峰值约 1.55 亿人,2100 年仍保持 1.35 亿人。㊀

家庭规模小型化,打破了中国传统的大家庭模式,在一定程度上削弱了"孝"文化所依赖的载体。在 421 结构下,代际赡养负担加重,再加上城市化带来的人口流动,子女往往对尽孝行为心有余而力不足。生前遗嘱、心灵呵护等观念的出现,也让很多人对传统"孝"文化的内容和形式有了不同的认识和理解。

㊀ 国家应对人口老龄化战略研究总课题组. 国家应对人口老龄化战略研究总报告 [M]. 北京: 华龄出版社, 2014.

⊙ 拓展阅读 •

日本的出租家庭

在日本,很多人结婚时请不到足够的客人,为了撑场面,就会选择租客人。"浪漫家庭"就是一家提供此类服务的公司。

该公司有 2200 名登记在册的工作人员,可以根据客户的需求,提供妻子、孩子甚至是父母等 28 项租赁项目,最低收费是 2 小时 8000 日元,月订单量可达 200 多单。

单身化趋势明显

在高离婚率、低结婚率的背景下,我国单身化趋势十分明显。截至 2022 年年底,我国适龄单身男女人数已经超过 2.4 亿,占总人口的 17.14%,创下历史新高。

从性别来看,单身男性比单身女性多出 3000 万人。

在各年龄段人群中,25~29 岁年龄段未婚率为 51.3%,30~34 岁年龄段未婚率达到 18.4%,35~39 岁年龄段未婚率为 8%。

从具体年龄来看,25 岁人群的未婚率为 70.8%;26 岁人群的未婚率为 61.2%;27 岁人群的未婚率为 52.4%;28

岁人群的未婚率降至 50% 以下，为 43%；29 岁人群的未婚率为 34%，也就是说，29 岁人群中，大约每 3 个人中就有 1 个人未婚。

30 岁人群和 31 岁人群的未婚率都超过了 20%，分别为 27.7% 和 23.7%。32 岁人群的未婚率降至 20% 以下，为 18.1%。33 岁人群和 34 岁人群的未婚率为 13.8% 和 11.8%。35 岁人群的未婚率为 10.2%。36 岁人群的未婚率降到 10% 以下，为 8.7%。

40～44 岁年龄段中各年龄人群的未婚率均超过了 3%。其中，40 岁人群的未婚率为 5.2%，41 岁人群的未婚率为 4.9%。

而在 50 岁及以上的人群中，总未婚率为 1.7%。

超过 60% 的单身年轻人表示他们不担心自己的婚姻状况，也不急于结婚。他们更愿意享受单身生活，追求个人发展和兴趣爱好。

⊙ 拓展阅读

单身经济

单身经济，源自经济学家麦卡锡 2001 年在《经济学人》杂志上提出的"单身女性经济"，指由单身生活方式而催生的各种为单人用户提供服务的生意。

随着单身人群的规模日益庞大，一人份包装、友唱KTV、陌陌App、呷哺呷哺火锅、胶囊酒店、一人食套餐、一人旅行日益流行，外卖和宠物行业也日益火爆。单身经济正在引发一轮新热潮。

"三抛世代"是用来形容当代韩国年轻人的新词汇，意为抛弃求爱、抛弃婚姻、抛弃生育。

5P青年，指日本部分青年只要个人电脑（personal computer）、手机（phone）、游戏机（PlayStation）、瓶装饮料（PET bottle）和薯片（potato chips）在手，就别无所求。

十级孤独，源自中国网络上流传的一份"孤独等级表"，按孤独等级从低到高依次为：一个人逛超市，一个人去餐厅吃饭，一个人去咖啡厅，一个人看电影，一个人吃火锅，一个人去练歌房唱歌，一个人去看海，一个人去游乐园，一个人搬家，一个人去做手术。

"企业人"转变为"社区人"

社群形态多元化

虽然单身化、家庭离散化趋势明显，但人与人之间又在以其他方式重新连接、聚合和重组,所以总体呈现出线上线下多元化社群的趋势。有共同兴趣、共同经历或者来自共同地域的人,通过各种媒体平台、互联网社交平台,实现线上线下各种形式的或紧密或松散的自由结合。多元化的社群构建出许多新的社交关系和联结。社群参与者不仅可以在社群生态中各取所需,也可以通过社群服务经济社会。

同一社群中的参与者具有相似需求,多元化社群平行形成了新的经济社会生态,并弥补了家庭离散化后缺失的部分社会属性。如老人们按兴趣、住所等不同标准,自发形成的结伴养老,成为许多老人养老的优先选择。

老龄群体的社会地位提升

在传统社会结构中,老龄人口数量少、占总人口比例低,他们已退出主流生产领域,通常被视为边缘群体。随着老龄化的发展,老龄人口持续增多,在总人口中的比例也在不断攀升。他们分享社会发展成果的意识增强,对社会保障、就业、教育等基本公共服务的需求也随之增多。2015 年,中国有 65% 的老龄人口参加了当年的一次社区选举,这反映了老龄群体对此类事务的重视。这就要求社会规则从传统的年轻社会向老龄社会全面调整，并且要将老龄群体考虑进社会规则制定之中。

同时，老龄群体是社会负担的传统观念也在逐渐转变。据第五次和第六次人口普查显示，两次普查间60岁及以上仍在工作的老龄群体上涨幅度明显，特别是70岁及以上仍在工作的老龄群体上涨幅度最高。通过对60岁及以上老龄群体的细分发现，随着科技的进步和生活水平的提高，很多人在步入老龄后仍然有能力继续工作。

⊙ 拓展阅读

英国保守党：得罪老人，从"大胜"到"大败"

2017年4月，为了去除"脱欧"进程中的干扰和障碍，时任英国首相、保守党党首的特蕾莎·梅宣布提前举行大选。

5月初，保守党在被称为大选"风向标"的地方选举中取得了近40年来最大胜利，舆论普遍看好保守党在大选中强势胜出。

5月中旬，保守党发布竞选纲领。其中一项新举措为调整社会关怀服务付费方案，将房产纳入服务对象的资产评估当中。这意味着大量有房老人将不再享受以往的免费社工服务，特别是患有阿尔兹海默病的失智老人，将由此产生高额的护理费用。

纲领公布后，保守党遭到了舆论的强烈抨击，支持率出现断崖式下跌。一项民意调查显示，保守党在65岁选民中的支持率从65%狂跌至26%。

6月，保守党在大选中遭遇灾难性失败，失去了绝对多数的支持，不得不与其他党派组建联合政府。

另外，老龄群体的社会参与率有被低估的情况。例如，老龄群体中有相当一部分人在家中照顾婴幼儿，通过帮助减轻年轻一代负担的方式参与社会劳动。

老龄群体的社会作用增强

权利意识的增强和参与能力的提升，改变了老龄群体仅被视为社会管理客体的传统社会管理结构。2015年，中国45%的老龄人口参加了帮助邻里、维护社区卫生环境、协调调解邻里纠纷等社会活动，73%的老龄人口愿意帮助其他有困难的人。老龄群体越来越多地既是照顾的享受者，也是照顾的提供者，兼具社会管理客体和社会管理主体多重身份。老龄群体社会参与意识与能动性的增强，对未来中国社会发展具有重要意义。

社会管理体系重心转移

与劳动年龄人口主要活动于企事业单位、少儿人口主要活动于学校不同，老龄人口主要活动于社区，普遍对社区有较强的归属感、认同感和依赖感，习惯于依托社区居家生活，接受社区提供的各种管理和服务。同时，就业人员退休后，原企业也会将其社会管理和服务职能移交至社区，使其由"企业人"转变为"社区人"。作为一种社会组织，社区在社会管理体系中的重要性日益提升，担负起越来越多的社会管理和服务职能。

社会组织介于政府和市场之间，凭借其灵活性、专业性特征，能够有效弥补政府兜底和市场追求利润之间的空白地带。中国现有各类老龄社会组织 80 多万个，推动这些社会组织健康发展，以不同的能力和知识发挥不同的功能，互为补充和支持，可以帮助老龄群体更充分地实现自我管理、自我服务、自我教育和自我监督。

另外，兼具公益性和商业性的社会企业，以民间非营利组织和企业相结合的"双轮驱动"模式，可以同时获得政府支持和商业投资,实现快速扩展和高效运营。

文化形式更加多样

老龄化改变了中国传统以青年为消费主体的文化市场。老龄人口的文化消费意识和消费购买力持续提高,成为推动中国文化产业发展的新动力。京剧、书法、绘画、秧歌、鸣鞭、空竹等传统文化持续回温,广场舞、门球等对抗性弱、对身体素质要求不高的群体性文娱活动广受欢迎。越来越多的老龄群体走出家门融入社会,成为社会文化活动的主体力量。中国老龄文化产业发展迅速,呈现出数量多、种类全、坚持久、影响大等特点。

案例分析:人工智能的春风已经吹来

路在前方,如何才能行稳致远

当前,人工智能方兴未艾,新概念、新技术、新产品层出不穷。但遗憾的是,纵观这些新概念、新技术、新产品,大多聚焦于智能城市、智能安保、智能驾驶,与智能养老有关的并不多。

智能养老并非新词，最早由英国生命信托基金会提出，当时称为"全智能化老年系统"，目标是让老人在日常生活中不受时间和地理环境的束缚，在自己家中过上高质量、高享受的生活。2012年，全国老龄办首次提出"智能化养老"的理念，鼓励支持开展智慧养老的实践探索。2015年，国务院印发《关于积极推进"互联网＋"行动的指导意见》，明确提出要"促进智慧健康养老产业发展"。2017年2月，工业和信息化部、民政部、国家卫生计生委印发《智慧健康养老产业发展行动计划（2017—2020年）》，计划在5年内建设500个智慧健康养老示范社区。以此为标志，智能养老驶入发展快车道。

从目前的情况来看，智能养老虽然有了一定的进展，但因相关概念、技术、产品的创新有所停滞，普遍停留在电子监控、数字化管理系统等信息化养老阶段，离真正意义上的智能化养老还有非常大的距离。

而人工智能的发展正日新月异，深度学习、人工智能芯片、无人驾驶等相关的每一条消息似乎都宣示着智能社会的临近，但又似乎与老龄社会毫无关系。

实际上，智能社会与老龄社会的发展是同向且同步的，二者都预示着人类社会的发展方向，都意味着人类将面对从未遇到过的问题；并且，二者在 2030 年、2050 年等重大规划时间节点上也不谋而合。无论是人工智能的研发者，还是老龄社会的研究者，都需要深刻地认识到这一点。

对人工智能研发者来说，在人口老龄化趋势下，老龄社会带来的新需求和新问题，为人工智能的落地提供了广阔的实践空间。老龄群体的需求虽然多样，但共性很强，完全可以通过聚类处理予以满足。同时，养老服务是一个劳动密集型产业，迫切需要人工智能的赋能来提升效率。这些条件为人工智能提供了非常好的场景应用机会，甚至可以说，有助于人工智能尽快突破数据瓶颈、泛化瓶颈等。

对老龄社会研究者来说，人工智能为观察、研究和预测老龄社会带来了全新的变量。随着人工智能技术的不断落地，以往养老上许多难解的问题可能都会迎刃而解。这使得对老龄社会的研究完全有可能突破传统养老模式的局限，开启对新的社会形态下心理变化、伦理变化、社会结构变化、服务体系变化、经济模式变化等问题的更深入、更全面的研究。而这些问题，恰恰是现在人工智能发展所面临的意识难题。

我们必须认识到，与"人口老龄化的冬天刚刚开始"相对应的是"人工智能的春天刚刚开始"。人工智能的发展,经历了从过去"不能用"到现在"可以用",势必到未来会"很好用"。而人口老龄化的发展要求我们改变过去的"机械化养老",发展现在的"信息化养老",从而形成"智能化养老"。因此,我们应该将二者结合起来,让智能养老成为人工智能发力的主方向之一。

智能养老如何从"能用"到"好用"

随着大数据、人工智能技术的日趋成熟,智能养老开始越来越受到人们的关注。人工智能、大数据、云计算、机器人、区块链、5G、VR等每一种新技术的出现,都为我们更好地从年轻社会步入老龄社会提供了新的可能。

一方面,智能养老产品日益丰富:从早期的电话呼叫服务中心到现在的"一键通"养老服务平台;从家里用的智能音箱、扫地机器人到养老院里用的信息管理系统、护理机器人;从足不出户看世界的VR旅游到可以远程就诊的互联网医疗。智能养老,正在离老人的生活越来越近。

但另一方面,智能养老似乎又在离老人的生活越来越远。居家生活中,许多智能产品让老人直呼不会用、不好用;养老机构里,因为家属担心安全问题,高价购买的护理机器人只能长期闲置。商场里展示的智能家居样板间内,哪一样试着都不错,可买回家后就不对劲儿了。各大展会上,忙着端茶倒水的机器人,不知道何时才能帮老人登高爬低。

我们先来分析几款相关产品。

智能音箱被视为智慧家居中枢之一,是这几年市场上非常火的产品。阿里巴巴、京东、百度等各大公司的各种智能音箱产品琳琅满目,产品销量也不断上升,在很多养老机构的样板间内更是必不可少。但在老龄群体的现实生活中,智能音箱的使用却乏善可陈。究其原因,一是部分老年人乡音难改,二是很多老年人说话不再像以前那样吐字清晰、声音洪亮。这些客观因素,都加大了智能音箱的使用难度,让老人们望而却步。

养老机器人也是人们关注的热点产品。各种家居机器人殷勤地为人们端茶倒水,类似的画面不仅在各大视频网站上广泛传播,在各种科技展会上也是屡见不鲜。可是,老龄群体中有多少人做不到自己端茶倒水,或者需要别人来端茶倒水呢?现实生活中他们更需要解决的,往往是登高爬低这样的难事。而这些事,恰恰是现在的家居机器人在设计时没有考虑到的。

智能感应灯也是我们常见的产品。将智能感应灯布置在卧室床边、厕所等处，确实为老人起夜提供了方便。但此类产品的通病是亮得很快，但持续的时间不够长，没有充分考虑到老人行动慢、如厕时间长等状况，往往是老人还没走到地方，或是还没上完厕所，灯就灭了，反而将老人置身于更不安全的黑暗环境之中。

智能窗帘也多以助力老年生活为宣传语。但实际上，生活中我们更加鼓励老人多活动，以保持身体的各项机能正常。智能窗帘带来的，恰恰与我们主导的健康理念相悖。

智能养老产品只是停留在能用的阶段，离真正的实用、好用还有很长一段距离。为什么会这样呢？

第一，很多智能养老产品只是智能设备的副产品，并不是针对老龄人的需求开发设计的，往往是先有了产品，然后再到养老场景中寻找应用机会。智能音箱、智能窗帘等就是非常典型的例子。智能音箱的核心作用是担当智能家居的控制中枢，但在市场推广中常被推崇的却是它的讲故事、听音乐等功能，以及由此提出的对老年人的陪伴作用。可现在老人获取信息的方式有很多，成天捧着收音机听的老人已经很少了。

第二，智慧养老产品之所以很难打动老龄群体，就是因为在产品研发时"闭门造车"，"想当然"地认为有类似的现象，没有从根本上找准痛点、痒点，结果就是把软性需求当成了刚性需求，把锦上添花当成了雪中送炭。一些设计师只是根据想象出来的养老需求而设计，并非根据真实的养老需求而设计。仍以智能窗帘为例，老人们需要的不是窗帘的左右开合功能，而是窗帘杆的自动升降功能，这样才方便他们换洗窗帘。再如一些可以提前预警老人跌倒的智能设备，从出现报警信号到老人真正摔倒只有短暂的几十秒甚至几秒。如果是居家养老，家人还有可能跑过来扶一把；若是机构养老，护理人员即使听到了也不一定来得及跑过来，反而可能因此背上照顾不周的埋怨或者被起诉。

第三，很多智能养老产品没有处理好软件和硬件的关系。例如有的智能设备重功能设计，却没有考虑到耗电问题，结果因为需要经常充电而导致使用不便。有的智能设备频繁提示升级，让老人误以为设备出了什么问题。而且升级后又要重新输入用户名和密码，别说对老人，对年轻人来说都是一种考验。有的厂家使用智能客服，百问不厌但答非所问，老人早已经在另一端忍无可忍了。

那么，智能养老产品怎样做，才能从"能用"到"好用"呢？

第一，不能光顾着在实验室里搞发明，而要到实践中去发现。日本企业为研发护理机器人，深入单元型、多床型等 5 家不同类型的护理院，以 30 秒为单位，仔细观察护理员一天当中要做哪些工作，每项工作用时多少，甚至是工作时采用什么样的姿势，最终将护理流程细化成 270 个项目。如帮老人入浴就被细分成入浴准备、脱穿衣、洗身等 3 项。统计表明，在护理员每天的工作中，占比前 5 名的依次为：护理员自己的行动（28.71%），帮老人吃饭、喝水（26.22%），帮老人排便（12.12%），帮老人移乘、移动（8.12%），帮老人洗面、清扫（5.45%）。进一步统计后发现，这些行动又可以概括为直接护理（直接接触老人）和间接护理（不直接接触老人）两大类，其中直接护理类占 45%，间接护理类占 55%。在此基础上，研发团队使用 OWAS 身体作业姿势分析法，分析哪些项目带给护理人员的身体负担最重。此后，研发团队还要与护理员沟通，了解护理员认为哪些项目急需研发护理机器人。通过这样的实证调查，明确护理机器人的研发方向，如养老护理是一连串的生活照料，所以不能光考虑单独使用机器人，而是要充分考虑到护理员与机器人的组合。

第二，不能只把老龄群体当作产品试用对象，而要让老龄群体融入研发全程。德国企业将老龄群体纳入研究团队之中，与年轻设计师编成多个小组，既鼓励老年人自己提出创意，也听取老年人对创意的感受和建议。老年人与年轻人共同参与研发出的产品先在各个小组间充分试用，有效提高了通用性，这使它们多次获得各种制造奖项。

第三，不能只关注产品的物理效果，还要关注使用产品的心理效果。日本企业在试用护理机器人的过程中发现，很多老人在被机器人抱起时表情和手脚都会变得很僵硬，并且在调查中表示"自己也想要走走看"的老人较以往增多，于是提出调整护理机器人的使用方向，要求今后应根据老人的身体状况合理使用机器人，唤起老人自立的意愿。另外，也有护理人员表示，由于担心在操作机器人时会发生安全问题，精神负担反而加重了。为此，日本企业也进一步提出，今后有必要加强护理人员的培训，采取措施让护理人员能够安全、有效地使用机器人。

第四，不要忽视了产品投入市场的过程。例如，日本企业在护理机器人研发的试用阶段就召集护理员、试用老人及家人召开产品说明会，进行伦理审查。同时，针对试用阶段发现的问题，积极采取办法，为高效、有效地利用护理机器人做环境准备；明确护理机器人使用适当、身心并顾、人机结合的使用原则，要求根据老人的身体状况合理使用机器人等。

今天，人类正在从有史以来的年轻社会步入前所未有的老龄社会。与这场大转折同步而来的，还有从信息社会向智能社会的大转型。智能养老肩负着顺应老龄社会新需求和推动智能社会新发展的双重重任，既有无限发展空间，也面临重重挑战。只有找准需求，软硬并重，智能养老才能突破瓶颈，从锦上添花转变为雪中送炭。

第 5 章

他山之石
无处不在的银发商机

在本章中,我们将展示在银发经济领域进行创新实践的详细案例故事。这些案例涉及服务、金融、地产、健康、制造等行业。每个案例都详细介绍了创新的实践与思考。通过这些案例,我们希望你能理解银发经济究竟有多大的潜力。

这些案例还说明:银发经济的机遇并不限于一个地方、一个行业或某一类经营实体,并且,这些创新中的每一项都可以转化为全球性的机遇。

App 适老化：界面 vs 功能

国家多次强调，推进智能化服务要适应老年人需求，并做到不让智能工具给老年人日常生活造成障碍。国务院办公厅印发的《关于切实解决老年人运用智能技术困难的实施方案》，进一步凸显了国家对解决代际数字鸿沟问题的高度重视和坚定决心。

那么，具体到企业而言，应该如何满足智能化服务适老化这一新要求呢？

回顾代际数字鸿沟的出现，其原因主要来自需求和供给两个方面。从需求侧看，老龄群体受购买能力、使用习惯、生活环境等多要素的影响，没能及时跟上产品和服务的更新迭代，进而对新产品和新服务产生了疏远感、恐惧感和戒备感。从供给侧看，新的互联网公司和平台企业普遍将年轻人作为主要客户群体，长期忽视老龄群体的生理和心理特点，在界面、功能和设计上一味追求年轻人的审美和满足年轻人的需求，如鲜艳的色彩、丰富的功能，灵活的设计，迅速的更新。

总体来看，围绕智能化服务的适老化，企业目前采取的措施主要聚焦在两个方面：

一是尽量保留传统服务。如保留车票、门票等传统纸质凭证；设立无码通道、老人专用服务通道；保留窗口服务、电话服务等传统人工服务；支持现金支付等。

二是改善相关网站和手机App。如推出相应的"长者专区"，设立专用的"长辈模式"，加大字体、改善配色、减少弹窗、改进文字输入等。

从应用情况来看，这些措施取得了一定的效果。但是这些措施给企业带来了新的问题，如开发成本、人力成本、运营成本的上升。对大规模企业来说，这些成本还可以归为社会责任。但对中小企业和初创企业来说，这些成本更多地成了一根"负重稻草"。

因此，探索形成新的盈利模式，才是企业推动智能化服务适老化的根本之举。可是，怎样才能做到呢？我觉得，企业首先要认识到智能化服务适老化的三个不同层次。

第一个层次是界面的适老。如前面提到的加大字体、改善字体色彩、实现语音阅读、减少临时弹窗、增加文字输入提示等。这个层次是最容易实现的，也是最容易见效的。但是，这个层次也最容易出现同质化竞争，因而也最难见到新盈利模式。

第二个层次是功能的适老。第一个层次说起来措施很多，但其作用较为单一，就是解决老龄群体在视听方面的困难。实际上，老龄群体的需求是非常多样和独特的。例如网上银行，老龄群体想要使用的业务就与年轻人有很大不同。为此，有银行将老龄群体常用的业务集中起来，设立了"长者专区"。再如智能导航，老龄群体更多的是使用它来查询公交路线，或者快速打车，特别是解决"最后一百米"的困难等，于是，有导航公司认为有必要就此开发"长辈模式"，方便、快捷地解决老龄群体的出行需求。

第三个层次是思维逻辑的适老。这一层次目前是最少见到的。老龄群体的思维逻辑与年轻人的不同。研究发现，人随着年龄的增长，从多年经历中获得知识的能力会提高，处理不熟悉问题的能力会下降。这就要求企业在产品和服务的底层设计上，要充分考虑老龄群体的"线性"思维逻辑，而不只是按照年轻人的"非线性"思维逻辑来设计；或者，将已有的"非线性"奇思妙想按"线性"思维重新串联起来。只有这样，才能从底层解决既"适老"又"赢利"的问题。

我们看到，从第一个层次到第三个层次，市场上的产品和服务明显逐渐减少。如前所说，这与供需两侧的长期错配是密不可分的。企业看不到老龄群体的有效需求，老龄群体看不到市场上的有效供给。特别是对互联网企业、平台企业、人工智能企业来说，因为老龄群体长期处于网络世界之外，以往它们忽视了老龄群体的需求，结果现在很难看到、看懂、看清老龄群体的需求。

正是因为这种情况，近年来出现了一种现象：随着越来越多的老龄群体开始走进互联网世界，在游戏、社交、短视频等多个品类上，老龄群体的风头正越来越劲，在一些方面甚至超过了年轻人。2019年的"双十一"，拼多多的一句"以前'11·11'闺女教我怎么买，现在'11·11'我教闺女怎么拼"，更是颠覆了人们对传统意义上代际数字鸿沟的认识。

逐利是企业的天性。但逐利与创造社会价值并不矛盾。特别是我国的老龄化伴随着工业化、信息化、城镇化和农业现代化进程，老龄社会与经济崛起和文化复兴几乎同时到来。老龄化与信息化、城镇化的共振不可避免，这也成为我国老龄化区别于其他国家和地区老龄化的一个重要特征。

好消息是，自 2023 年以来，从中央到地方，各级政府和各个部门都开始普遍重视代际数字鸿沟问题，着力消除信息消费资费、终端设备、服务与应用等方面的障碍。可以预期，随着通信资费优惠等措施的落地实施，越来越多的老龄群体会融入网络世界。同时，政府也在寻求更多的新技术，并期待更多的适老化智能产品和服务。智能化服务的适老化正逐渐展现出成为产业新风口的潜力，并成为考验企业核心竞争力的新要素。

代际数字鸿沟：填沟 vs 搭桥

近年来，由于老人不会使用智能手机、无法提供出行码，导致出行难、看病难的事件频发。一条横亘在世代之间的数字鸿沟，正在受到全社会的广泛关注。

代际数字鸿沟从哪里来？一是从产品端来看，技术的发展、功能的丰富和设计上对老龄群体需求的忽视，再加上价格因素，使得老龄群体与新数字产品之间产生了距离。二是从用户端来看，对新事物的不了解让老龄群体产生了畏惧感，再加上传统观念、收入等因素的影响，进一步加深了老龄群体与新数字产品之间的鸿沟。

随着未来的发展，代际数字鸿沟会更宽更深吗？好消息是，从目前的情况来看，并不会。随着产品的竞争与迭代，旧日王谢堂前燕，正在飞入寻常百姓家。智能手机、智能手环已不再是遥不可及的奢侈品。微信上的朋友圈，淘宝、京东上的购物车等数字产品已成为老龄群体生活中新的必需品。

尽管鸿沟在变窄，但对很多老龄群体而言，它仍然难以跨越。这种情况就如美国作家希利尔所写的"你骑着摩托车来到小河边，但是河上没有桥，只立着一块牌子，上面写着'请绕行 10 000 英里'"，很近，又很遥远。

因此，消除代际数字鸿沟，让更多人享受到技术发展的数字红利，既是社会的责任，也是政府的义务。特别是对互联网企业来说，让更多人融入数字生活，不仅可以让更多人分享到数字红利,更能让企业找到深化发展的新动能。

那么,我们应该如何跨越这条鸿沟呢?除了绕道而行,途径无非两条:一是填沟,二是搭桥。填沟是从产品端出发,在开发设计的过程中,充分考虑老龄群体的生理状况、使用习惯和方便程度。搭桥是从用户端出发,通过辅导、培训等多种方式,帮助老龄群体学习使用技巧,更快地跨过鸿沟,融入数字化生活。

在填沟和搭桥的过程中,毋庸置疑,家庭和个人位于第一梯队。而除了家庭与个人外,政府、社会、企业又需要做些什么呢?

对政府而言,需要在全面推动社区适老化、交通适老化、公共设施适老化的同时,推动数字生活与信息交流的适老化。在规划、设计和实施过程中,充分考虑城乡之间、不同地区之间、不同年龄段之间民众的信息化能力差异,全面优化信息无障碍服务环境,从而为消除代际数字鸿沟构建良好的制度环境和社会基础。

对社会而言,需要更多地鼓励老龄群体拥抱数字技术。特别是要理解老龄群体对新技术、新产品的恐惧感和无力感,避免因数字鸿沟而产生数字歧视。

对企业而言，消除代际数字鸿沟既是履行企业的社会责任，又是拓展用户的有效途径。2020年的《政府工作报告》，首次将发展养老服务和推动城镇老旧小区改造纳入扩大内需战略。结合中央会议反复强调的"国内大循环"，消除代际数字鸿沟，将老龄群体最大限度地融入数字经济，也有利于充分发挥国内超大规模市场的优势。

相信在政府、社会、企业、家庭、个人的共同努力下，代际数字鸿沟会越来越窄。我们将早日迎来一个多元包容、智能创新、全龄共享的老龄社会。

共享住房：双元 vs 多元

"老有所养、老有所医、老有所教、老有所学、老有所为、老有所乐"，是我国老年保健的"六有"策略，也是老龄群体普遍向往的生活。不过，"六有"生活的前提和基础，首先是"老有所居"。而老有所居中的"居"，不仅是指老人居住的场所，更是指老人接受养老服务的平台，具有不可替代的作用。

那么，老人如何得到"居"呢？购买商品房无疑是最直接的办法。但受经济状况、家庭空巢、抱团养老等多种因素的影响，并不是人人都会买商品房。那么，是不是有其他的办法呢？例如，伴随着共享经济的快速发展，是不是可以采用"共享住房"的模式呢？

实际上，共享住房模式在现实中已经有了很多尝试。

换房而居，是老人与老人之间最简单的共享住房养老方式。老人选择这种方式的原因，多为旅游、投奔子女等，因此大多是异地换房，较少是本地换房。对老人来说，这种方式的好处是没有经济压力、交换自由；缺点是产权不清晰、没有制度保障，一旦出现损伤、折旧等问题，极易引发经济纠纷。

购买共有产权住房，是老人与政府之间的共享住房养老方式。老人可以按照与政府事先约定的比例（如业主70%、政府30%），以低于周边商品房的价格购买，双方共同持有住房产权。对老人来说，这种方式的好处是房价较低，有制度保障；缺点是不涉及养老服务，并且未来只能优先卖给政府，升值空间小。

还有一种共有产权住房，是老人与开发商之间的共享住房养老方式。业主与开发商之间同样按事先约定的比例（如业主95%、开发商5%），以略低于周边商品房的价格购买，双方共同持有住房产权。与上一种共有产权住房不同的是，这种小区是开发商专门为老人设计的适老化小区，要求入住家庭必须有一位 60 岁以上的老人。同时，开发商不仅是小区的建设者，还是小区的管理者，提供各种养老服务方案，供老人每月付费享受。对老人而言，这种方式的好处是能以很小比例的产权捆绑开发商的长期服务，小区适老化环境好、养老服务到位；缺点是费用较高，要求老人家庭有相当好的经济基础，同时没有明确的制度保障，目前还停留在零星试点的尝试阶段。

近年来，随着抱团养老、互助式养老的增多，我们还看到一种老人与老人之间的共享住房养老方式，即一位有房的老人邀请其他认识或不认识的老人，以付费或免费的方式共同居住养老。对老人而言，这种方式的好处是产权清晰，可以形成养老集体，互相照应；缺点是彼此习惯不同，容易引发生活矛盾。

通过介绍和分析上述四种共享住房养老方式，我们发现，共享住房养老目前尚处于发展初期，还是以老人与老人、老人与政府、老人与开发商之间的双元共享模式为主，在制度保障、服务提供、费用收取等方面呈现出利弊并存的矛盾现象。不过，比较共享住房养老的利与弊，我们看到,其利可图、其弊可改。

那么,共享住房养老的弊如何改呢?我们可以先看看德国的做法。

老人与年轻人同屋而居,是德国常见的共享住房养老方式之一。不同年龄段的、没有亲戚关系的住户经过协商后,合住在独栋房屋或面积较大的公寓里。其中,卧室作为独立空间为每个住户独享,客厅、厨房、餐厅、浴室等作为公共区域为所有住户共享。通过多代混合居住,老人可以帮年轻人看孩子、收快递,给他们提供建议;年轻人可以帮老人做家务、购物、修理,教他们用智能手机等。在德国农村,不同年龄段的住户还结成了更紧密的合作关系,共同经营农产品或者是土特产产品的生产与销售。

在房屋产权方面,德国的多代共享住房一般在购房或建房时就会以合同的形式将产权确定下来。德国政府原则上对此类房屋不提供经济支持,但地方政府会在选址及税收上提供特殊优惠。目前,德国除了一些开发商已经开始提供专门适合多代共享住房养老模式的房型外,一些志趣相投的多代共享住房成员还可以共同出资购买土地,再请建筑公司按需求建造房屋。

所以，要想充分发挥共享住房养老模式的利，避其弊，关键在于从现在的双元制走向多元制。从目前来看，这个"多元"有两个层次：

一是参与者的多元化。我们要打破以往家庭成员之间、老人与老人之间共享住房养老的传统方式，鼓励不同家庭、不同年龄段群体参与共享住房养老。通过吸引多方加入，可以围绕他们的兴趣、生活习惯与方式等各种需求，重新构建有养老功能但又不局限于养老的新型集体。

二是产权主体的多元化。我们要改变以往业主与政府之间、业主与开发商之间的双元产权分配模式，建立起包含政府、社会组织、企业、业主"四位一体"的共享产权模式。通过政府负担基础建设、企业负担房屋建设、社会组织负担服务运营、业主负担一定费用，减轻单一主体或双元主体的经济压力，推动共享住房形成新的商业模式，实现可持续发展。

从共享平台、共享经济到共享社会，共享已不仅仅是一种经济概念，更是一种发展理念、一种社会文化。特别是在从有史以来的年轻社会向前所未有的老龄社会的转型过程中，要实现多元包容、智能创新、全龄共享的老龄社会前景，共享是贯通全局的重要因素。我们可以从做好

"共享住房"开始,推动从双元走向多元,进而催生新范式、形成新助力。

老龄地产:郊区 vs 市区

老龄群体在数量上的日益增多及其对适老化居住环境的切实需求,催生了企业对老龄地产的关注和投资热情。在群雄逐鹿的老龄地产市场中,既有万科、绿城、保利、远洋等房地产开发商的身影,也有中国人寿、中国平安、泰康人寿等保险机构,以及中信国安、同仁堂、北控集团等综合性集团的参与。同时,一些国外机构也看好中国市场,纷纷在国内投棋布子,如欧洲最大的养老康复集团——法国欧葆庭集团在南京落地的欧葆庭仙林国际颐养中心,澳大利亚养老社区领域最大业主、运营方和开发商——联实集团在上海落地的逸浦荟养老社区项目。

观察这些企业所布局的老龄地产项目,我发现有一个比较普遍的现象,可以用 8 个字来概括,就是郊区选址、规模建设。

先说郊区选址。与市区相比,郊区一方面相对地价较低，便于大规模地征地；另一方面环境更好，空气清新、自然环境优美，非常符合健康养老的理念。因此，老龄地产更多地选择在郊区落地，是非常容易理解的。

再说规模建设。与市区相比，郊区周边的配套条件较差，医疗、购物资源缺乏，更别提市区内丰富的文化教育资源了。因此，企业往往就会选择规模化运作，独立或联合建设相应的配套设施，特别是针对老龄群体最为关心的医疗、购物、运动休闲等日常需求，自建或引入医院、商超、文化体育场馆等。

从理论上讲，老龄地产项目采取的这种方式是一种多赢的做法。对地方来说，项目的规模化可以带动当地经济的整体发展。对企业来说，项目的投入成本降低、盈利模式增多。对个人来说，以交通不便和等待项目成熟为代价，可以换取更加低廉的费用。而且，这样的老龄地产项目在国外也非常多。

但在国内的实践中，这样的项目模式却带来了种种问题。对地方来说，企业不是政府，缺乏中长期的系统规划能力和持续建设能力。对企业来说，项目的投入成本减少了，但总体成本却大幅提高了；企业盈利模式增多，要求企业具备多种运营能力。市场上成功的模式确实很多，可失败的教训更多。尤其是中国当前正处于边备边老、边富边老的阶段，老龄服务等相关产业才刚刚起步，对需求和供给的研究还处于摸索阶段，并没有形成清晰的产业模式。对个人来说，企业的风险无疑加剧了个人的风险。企业一旦发生问题，个人将直面一系列生活困难。此外，郊区交通不便的天然劣势还将放大这种困难。

面对这些问题，大企业凭借自身雄厚的资金实力，还可以维持和推动项目的进展。而中小企业，甚至是已经有一定规模的企业则因前期投入较少、后期产出预期较高而极易入"坑"，陷入融资难、运营难等各种困境。

那么，老龄地产的出路在哪里呢？市区是不是比郊区更好呢？

第一，市区虽然拿地较难，拿到手的土地面积往往也有限，但市区交通便利、设施齐全、配套成熟。虽然投入成本较高，但总体投资回报率高。

第二，与郊区项目的规模相比，市区项目相对小型化，这可以让企业有更强的控制力，从而更好地发挥出自己的专业优势。

第三，与郊区创造新生活相比，融入市区生活才是老龄地产更需要的。居家养老、就近养老，既是生活传统，也确实是生活需要。

第四，相比较而言，在市区建设老龄地产项目，对各类企业的吸引力更大。各个专业领域企业的积极加入，能够更好地形成服务平台，推动各类盈利模式快速成型。

荷兰鹿特丹生命公寓就是一个鲜活的例子。这里身处成熟社区，饭店、超市等生活设施齐全，更像是购物中心的老龄升级版。附近的人会到这里的超市和跳蚤市场购物，约朋友聚会吃饭，带孩子嬉戏玩耍。这使生命公寓与周边社区很好地联动起来。各种社会福利机构和商业机构都愿意到这里来举办活动，荷兰女王和各级政府官员也经常到这里参观。良好的社会效益和开发资金的快速回笼，让生命公寓得以迅速推广开来。

我们还可以大胆设想一下，如果把老龄地产与购物中心结合在一起，会产生怎样的场景呢？年轻人周末带孩子上课时，可以先将孩子送进教室，然后到楼上去看望老人。老人的各种餐饮和购物需求，足不出户就能得到满足。培训机构还可以在工作日开设老年教育课程。这样的话，商场可以得到更多的客流，各类企业可以凭借更专业、更全面的服务获取更多的利润。

今天，我们可能还很难想象这样的场景。这就好比以往我们很难想象把饭店、教育机构开进商场。不过，随着老龄化程度的不断加深，相信这样的场景一定会出现。

郊区 vs 市区，是做"大而全"，还是做"小而美"？老龄地产的发展，需要我们重新思考和深耕。

康养小镇：养老 vs 怀旧

在老龄化程度持续加深、国家推动特色小镇建设、提出健康中国战略等大背景下，越来越多的地方和企业将新的增长点和驱动力寄望于康养小镇，并有意把养老产业作为康养小镇的主要产业。然而，从这几年的实践情况看，看似商机无限的康养小镇，并没有带来明显的成效。

2019年，国家发改委发布了"第一轮全国特色小镇典型经验"。在总结推广的16个精品特色小镇中，一家以养老产业为主的康养小镇都没有。

这并不是个案。在亿翰智库发布的《2018年中国特色小镇年度品牌影响力排行榜》中，前20名中只有一家康养小镇。而且这家康养小镇以农业为主要产业，只是兼及中医养生。

为什么康养小镇的现状不尽如人意,特别是以养老产业为主的康养小镇难见成功案例呢?

据分析可知,这里面固然有定位不准、生搬硬套、特色不"特"等共性问题,但更关键的,是对老龄化特点认识不足的个性问题。

人是不是老了?有两个界定标准:一是年龄,二是能力。与这两个标准相挂钩的,就是"老龄"与"老年"。以往,受疾病、战争、健康水平等多种因素的影响,人的寿命普遍很短,步入老龄基本等于步入老年。现在,人的寿命已大幅延长,健康水平也有了大幅度的提高,虽然步入了老龄,但离步入老年还有相当长的一段时间。

对现在的老龄群体来说,他们中绝大多数身体还非常健康。对于养老,他们更多的是心里惦记,而不是身体上确实需要。当然,未来随着老龄化水平的提升,他们肯定会有越来越多的养老需求。但从目前的情况来看,养老对他们来说,根本算不上一个真实的刚需。

那么,老龄群体的刚需到底是什么呢?

实际上,与年轻群体相比,老龄群体在各个方面的需求并没有什么不同。他们也需要心理上的关怀,精神上的愉悦,文化、娱乐、美食等方面的享受。并且,受视觉、听觉、味觉等生理因素变化的影响,很多老龄群体反而对色彩、声音、口味的要求越来越高。从这个维度来说,我们根本无须专门研究老龄群体的需求。我们真正需要做的,是搞清所有年龄段的普遍需求:是喜欢游山,还是喜欢玩水;是喜欢乡村的田野风光,还是喜欢城市的便利生活;是喜欢赶大集,还是喜欢逛超市。这些,才是真实的市场需求。而像经常看视频的人想让屏幕大一些,总是接不到手机来电的人想让音量大一些,这些才算得上是真实的刚需。

不过,老龄群体有一个独特需求是年轻群体所没有的,它就是怀旧。离开工作岗位后,很多人有了充足的时间和精力去回首过去。特别是现在的老龄群体以"40 后""50 后"为主体,大都有过上山下乡、参军当兵等特殊经历,家中兄弟姊妹也不少。因此,各种家庭聚会、同学聚会、战友聚会、知青聚会、发小聚会层出不穷,微信上战友群、同学群、老同事群不断增多,这些折射出的正是老龄群体的怀旧情怀。

以日本的洲本市为例,该市位于日本兵库县最大的岛屿——淡路岛中部,从明治时代开始受益于日本纺织业的发展而逐渐繁荣起来。但是受产业转换、1998 年明石海峡大桥开通、老龄化程度的不断加深等多重因素的影响，当地日渐萧条，一些店铺不得不关门停业。

在这样的情况下，本町（日本行政区划之一）也不例外。在宽 2 米、全长 400 米的商业街上，原本电影院、饭店、鞋店、金鱼店等商铺鳞次栉比，但随着居民的老龄化和游客的减少，关门空置的商铺越来越多。

2012 年，担任洲本市再生委员会会长的野口纯子（时年 69 岁）提出，将空商铺改造为"小巷食堂"，为独居高龄者提供午餐服务和地区监护。同时，由于这条街上有很多日本传统建筑——町屋，再生委员会进一步策划了专门的怀旧文旅项目——"洲本怀旧小巷"，以吸引人们来参观、旅游和组织活动。

经过项目化的运作，洲本市吸引了大量来自北海道、大阪等地的年轻商家入驻。到了 2018 年，洲本怀旧小巷已成为一条拥有约 30 家店铺的商业街。小巷食堂几乎每天都会迎来常来光顾的百岁老人。每逢假日，小巷里随处可见拿着导游手册的游客。每逢春天和秋天，小巷还会举行为期两天的"老街漫步"活动，并邀请近百家餐饮和手工艺者到这里卖货。

一条历史悠久且老龄化水平很高，看似活力渐失的老街，就这样焕发出了全新的活力。

因此，不论是养老还是怀旧，只要我们认清老龄化的真实特点，康养小镇就一定会焕发出真正的活力和魅力。

老龄金融：保险 vs 理财

老龄化，正在成为全社会关注的焦点和热点。而据有关报告分析，2035年养老金可能告罄，这类消息让人们格外担心老龄期的经济保障问题。于是，各大银行、保险公司、基金公司都在积极推出各类老龄金融产品。其中最为人所熟知的，就是保险和理财。那么，这些产品真的管用吗？

首先，我们来说保险。保险，顾名思义，主要的功能是保障风险。按保障对象的不同，保险可分为财产险与人身险两大类。财产险以财物为对象，如车险、家庭财产险等；人身险以人为对象，如寿险、意外险、健康险、重疾险和年金险等。我们在这里所说的，主要是人身险。

人身险主要应对哪些风险呢？概括而言，它们可以分两大类：一是"去世得太早"，二是"去世得太晚"。

"去世得太早"类风险,主要指因意外或疾病造成的早于正常寿命去世的风险。此类风险往往带来高昂的医疗费用。我们日常接触的健康险、重疾险,主要就是用于应对此类风险的。而寿险、意外险,主要是用于被保险人去世后留给家人的。个人购买此类保险时需要注意的是,这类险种一般是事先约定意外或疾病的种类,以及一旦发生后给予补偿型还是给付型的赔偿。如果发生的意外或所患疾病的种类不在约定范围内,就得不到赔偿。而赔偿金额的多少,往往要看是补偿型还是给付型。所以,我们在购买此类保险时,一定要看清各项条款,不要盲目追求所谓的"百万赔偿"。另外,对年轻人来说,与那些动辄几十年、年付保费万余元的重疾险相比,短期或年度型意外险或重疾险更为实用,每年只需几千、几百甚至几十元,就能在一定程度上抵御风险。

"去世得太晚"类风险,主要指因寿命太长而造成的养老金不足的风险。说实话,这是一种"幸福的风险"。年金险、教育险等险种,就是用于应对此类风险的。其主要目的是理财,是追求高于银行定期存款利率的收益。个人购买此类保险时需要注意的是,现在此类保险往往将浮动利率与固定利率相混合,结果就是"看上去很美""听上去很好",实际上总体收益不高,利率甚至低于银行大额存款。因此,在挑选此类保险时,我们要多看固定领取的金额,少看分红利率,别被所谓的"美好"遮住了双眼。

通过这样的分析我们可以看到,个人在购买保险类老龄金融产品时,最好能够区分不同目的,不要将抵御意外和疾病风险与追求资金收益相混淆。因为这两种产品的功能和定位完全不同,想要鱼和熊掌兼得,难度还是太大了。

其次,我们来说理财。在上面的解释中,我们其实已经讲了保险与理财的区别。理财的目的,是让我们更好地应对长寿这个"幸福的风险"。与保险相比,理财产品更加丰富,包括定期存款,购买基金、股票、期货、收藏,参加投资等。

定期存款,是中国人最熟悉的理财方式。其突出特点是安全且收益固定,不足是利率偏低。现在很多年轻人对定期存款不屑一顾,认为利率太低。还有人说外国人基本不存定期。实际上,这是因为国外银行定期存款长期执行低利率,现在甚至是零利率、负利率,基本已经没有了理财功能。而中国的银行现在虽然利率偏低,但比国外仍然要高不少。这使风险为零的定期存款更具吸引力。

购买基金,是近年来非常流行的理财方式。具体包括信托基金、投资基金、股票基金、货币基金等。个人购买此类金融产品时，关键要充分考虑基金的正规性和风险性。特别是，对于在银行发售的基金产品，一定要到银行官网上验证其是否真实存在，以免上当受骗。一般来说，银行官网上在售的理财产品，正规性还是有一定保障的。此外，要认真阅读基金说明书，搞清楚其是否保本、是否有最低收益保障，充分了解其风险后再决定是否购买。

购买股票、期货，收藏或者参加投资，面临的是更高的风险与收益。不过，这些方式大都有较高的入门门槛，需要有相关的知识储备。在这里就不赘述了。

再次，无论是保险还是理财，对个人来说，如果是为了使自己老龄期有经济保障，那最重要的是尽快、尽早开始行动。以年利率4%的金融产品为例，我们可以看看以下三种方案。

方案①：从30岁起每年存5万元，连续存10年，到60岁时可得约137万元。

方案②：从40岁起每年存5万元，连续存10年，到60岁时可得约92万元。

方案③：从50岁起每年存10万元，连续存10年，到60岁时可得约125万元。

通过比较可以发现，同样是连续存 10 年，从 30 岁开始每年存 5 万元的收益，比从 50 岁开始每年存 10 万元的收益还要高。这充分说明了尽快、尽早行动的重要性和必要性。

最后，银行、基金公司、保险公司应该如何更好地开拓老龄金融市场呢？

对银行来说，为了吸纳更多老龄群体的存款，应该尽早推出存期更长、利率更高的定期存款产品。

对基金公司来说，为了吸纳更多老龄群体的存款，应该尽快推出收益相对稳定、风险较低的金融产品，特别是基金说明一定要更加浅显易懂，让老龄群体看得清楚、听得明白。

对保险公司来说，应该更好地区分开风险保障与理财升值的关系，将相关险种做精做细，使风险保障型产品价格更加平易近人，实现以"量"求胜；使理财升值型产品更加贴近人们的需求，以"质"得到认可。

未来，在年轻人积极谋划老龄生活、老龄群体日益追求更好生活的老龄社会下，老龄金融一定会更加受到人们的关注，更多的创新必然随之而来。只有这样，才能切实满足老龄群体的现实需求和年轻群体的潜在需求。

比如，美国人寿保险公司就推出了一款"人人可以投保的终身保险"。一般人到了特定年龄就很难满足购买寿险的条件。在该商品上市前，几乎没有50岁以上未经医师审查就能投保的寿险产品。在有需求却没有供给的利基市场，该产品推出后大受欢迎。

老年用品：设计 vs 需求

新冠疫情结束后，人们的目光开始转向对经济的关注。企业应该从哪里寻找新机遇，实现新突破呢？老年用品产业，正是企业的突破口之一。

2019年12月31日，工业和信息化部、民政部、国家卫生健康委员会、国家市场监督管理总局、全国老龄工作委员会办公室等五部门联合印发了《关于促进老年用品产业发展的指导意见》(以下简称《意见》)。这是国家层面第一个促进老年用品产业发展的引导政策，首次明确了老年用品产业重点领域。目的是希望调动各方积极性、加快构建老年用品产业体系，不断满足多层次消费需求。

2020年2月4日，为加快推进养老产业发展，科学界定养老产业统计范围，准确反映养老产业发展状况，国家统计局公布了《养老产业统计分类（2020）》（以下简称《分类》），将老年用品及相关产品制造、老年用品及相关产品销售和租赁列入养老产业的12个大类。

从《意见》到《分类》，我们看到，老年用品的范围已不再局限于我们传统认识上的拐杖、轮椅、助听器、老花镜等单一产品，而是涉及服装鞋帽、家具家居、电子设备、休闲娱乐、保健康复、食品药品等大部分行业和领域。

《意见》将老年用品归纳为五大领域，并依据产业特点、发展现状和趋势，明确了每个领域的发展方向：一是发展功能性老年服装服饰，二是发展智能化日用辅助产品，三是发展安全便利养老照护产品，四是发展康复训练及健康促进辅具，五是发展适老化环境改善产品。

《分类》将老年用品及相关产品进一步细分为"制造""销售和租赁"两个大类。其中，制造类包括9个中类，共9个小类：①老年食品制造；②老年日用品及辅助产品制造；③老年健身产品制造；④老年休闲娱乐产品制造；⑤老年保健用品制造；⑥老年药品制造；⑦老年医疗器械和康复辅具制造；⑧老年智能与可穿戴装备制造；⑨老年代步车制造。销售和租赁类包括2个中类，共9个小类：①老年营养和保健品销售；②老年日用品及辅助产品销售；③老年保健用品销售；④老年文体产品销售；⑤老年药品销售；⑥老年医疗器械和康复辅具销售；⑦老年智能与可穿戴装备销售；⑧老年代步车销售；⑨老年相关产品租赁。

可以说，小到一粒纽扣、一片湿巾、一个扶手，大到一台机器人、一部电梯、一套住房，甚至是一个小区、一个社区，都是老年用品产业的施展舞台。《意见》指出，到 2025 年，老年用品产业总体规模将超过 5 万亿元。

那么，企业要如何来抓住这个巨大的产业机遇呢？其实说起来很简单，无非两件事：一是找准需求，二是做好设计。但现实中，我国老年用品产业最大的问题恰恰是需求日益旺盛与有效供给不足之间的突出矛盾。

首先来看需求。虽然政策文件中一直在用"老年用品"一词，但实际上，"老年"与"老龄"是两个不同的概念。"老年"指的是人生命周期的最后一个阶段，而"老龄"指的是 60 岁及以上的人。特别是从 2020 年起相继步入老龄的"60 后"，与以往的老龄群体相比，已经发生了全新的变化。

这些新变化体现在：一是寿命更长，面临着平均约 20

年的老龄期；二是身体更好，拥有更好的健康状态；三是能力更强，能够继续积极参与社会的生产生活；四是收入更多，不仅退休金更多，而且往往还有理财等其他收入；五是心理期待更高，生活不只是局限于带孙子和跳广场舞、旅游；六是需求更丰富，希望用品不仅能用，而且要好用、好玩、好看。

但是，许多企业在寻找新机遇时常常忽视这些新变化，把局部的、特殊的老年需求等同于全面的、丰富的老龄需求，误以为产品只要能用、耐用、便宜，就会被老龄群体所接受。结果就是产品错配，难成气候。例如很多老年服装、老年手机等所谓的老年产品，在市场上或是昙花一现，或是少人问津。

还有一个群体的需求也常常被企业所忽视，就是年轻人。别忘了，给老龄用品买单的很多都是家有老人的年轻人。他们眼中和心中的老龄用品到底是什么样的？这同样代表着这个产业需求的重要方向。

其次来看设计。"我们拥有一支年轻、充满活力的研发团队"，这是现在很多企业，特别是互联网企业和人工智能企业的宣传口号之一。年龄大小，似乎已经成为评价研发团队的标准之一。但正如我们说年轻人才懂年轻人，老龄群体往往才最懂老龄群体。德国企业将老人与设计师编成一组，共同研发和试验，推出了不少斩获工业大奖的新产品。

传统观念往往认为，老龄群体难以了解和适应新技术。但这种观念忽略了老龄群体不是天生就老，而是慢慢变老的。在这个慢慢变老的过程中，他们经历了很多新技术的诞生和普及。对于新技术，老龄群体拥有年轻群体所没有的成熟视角。此外，老龄群体特有的经验和习惯优势，在产品设计过程中往往能发挥出事半功倍的作用。

面对 5 万亿元的产业估值，机遇就在眼前。但是，企业只有切实认清老龄社会的发展变化，才能真正找准需求和做好设计，从而在这个既"老"又"新"的市场上谋得一席之地。

老龄餐饮：价格 vs 价值

2023 年，遭遇前所未有冲击的餐饮业正在逐步复苏并面临新一轮洗牌。在此过程中，越来越多的餐饮企业开始将目光聚焦到日益庞大的"银发族"身上，认为"银发族"有望成为继"单身族""熬夜族""宅家族"之后餐饮业的消费新势力。

然而，许多正在从事老龄餐的养老机构对此却是叫苦不迭，它们认为老龄群体消费观念传统且消费能力缺乏，经营利润微薄，难以为继。

这究竟是怎么回事呢？我认为，这主要是因为很多人对老龄餐饮的认识存在三个误区。

一是对消费者的认识误区。目前，养老机构所做的老龄餐，大多是由政府出资支持的老年助餐项目。该项目由政府提供全部或部分资金，主要面向高龄老人、孤寡老人、残疾老人、低保老人等需要特殊关怀和帮助的老龄群体，功能是"保底"。因此，其服务对象只是老龄群体中的一部分，并不是老龄群体的全部。这一点非常重要。打破这一误区后，我们会发现，现在很多人所研究的老龄餐饮，其实只针对了一部分老龄群体的特殊餐饮需求，而不是整个老龄群体的普遍性餐饮需求。对于有志于进军银发市场的餐饮企业，万不可因此而"一叶障目"。

二是对消费产品的认识误区。对消费者的错误认识，直接导致了消费产品的错配。例如，很多机构一谈及自己所做的老龄餐，就说自己的饭菜如何营养健康，如少油、无糖、低盐、口感软烂等。然而近年来餐饮业的发展表明，人们的饮食需求早就已经从单一的温饱需求过渡到了追求口味、品质、营养、环境、体验感等多层次需求。在口味、品质、营养、环境诸要素中，口味仍然是人们选择饮食的第一标准，然后才会兼顾其他。当我们将消费者扩展到整个老龄群体时就会发现，其中大多数人对饮食的需求与年轻人没有区别。而且，随着感官功能的退化，一些老年人甚至更加喜欢那些酸、甜、咸、辣味道突出的重口味食品。

三是对消费能力的认识误区。对消费者的错误认识，以及消费产品的错配，必然会导致对消费能力的错误判断。一些养老机构将自己所从事的特殊老年助餐项目误认为是老年餐饮，自然会得出消费者消费能力不强、消费观念传统的错误结论。这就好比将医院里专门为患者提供的特殊饮食搬到医院外面去卖，其市场接受度可想而知。我们再举一个例子，我们常说老人的食欲、食量在下降，但是老人对食品的购买力在下降吗？答案是没有。原因很简单，大多数老人家中还有儿女、孙辈。儿女要上班，孙辈要上学，每天出门买菜的大多是家中的老人。老人买回家的，不是一个人的饭菜，而是一家人的饭菜，特别是在周末和节假日，老人的食品购买力更是明显增强。

在上述三个误区的影响下，我们看到有的机构试图以低价老年餐为噱头,希望吸引更多老人参加活动;还有的机构以健康老年餐为卖点,希望以此扩大销量。结果大都不尽如人意。

国外的做法恰恰相反,如日本永旺葛西购物中心为老龄群体提供各式各样的免费服务,包括免费的广场舞舞场,免费的室内健身步道,免费的乐器、摄影、手工艺学习等。其利润来源主要是老龄群体在活动之余在购物中心的购物和餐饮消费。德国 Kaiser 世代超市推出的"Kaiser 的集合点",与传统面包店即买即走的购物环境不同,更强调消费者在享受咖啡、蛋糕的同时可以更好地与他人交流,因此营业以来颇受老龄顾客的青睐。

当然,国外也有走免费路线的商家。但是,他们的做法更有创意。前文中提到的日本兵库县洲本市的本町,将商业街上因经济不景气而关闭的空商铺改造成"小巷食堂",为独居高龄者提供免费的午餐服务,由此打造了整条商业街的"怀旧"氛围,使老街焕发出新魅力。奥地利 Adeg 公司的 50+ 商场则通过为老龄群体提供更多免费的饮料试饮样品,增加了老龄群体尝试新产品的机会,从而有效提升了饮料的销量。

这些案例说明,要做好老龄餐饮,重要的是要跳出价格误区，更好地展现价值。那么，老龄餐饮的价值体现在哪些方面呢？我们不妨代入几种常见的场景。当家人团聚时，这种价值体现为家的氛围，体现在对不同年龄家人、不同饮食习惯的全面包容上。当老友相聚时，这种价值体现为就餐的感觉，能够引发回忆或形成新的美好体验。当集体活动时，这种价值体现为点餐的多样性和就餐的便捷性。而这些，都与我们传统上对老龄餐饮的要求——健康、低价完全不相符。

俗话说，"民以食为天"。这句话充分说明了餐饮业在社会经济中的重要地位。同理，老龄餐饮在老龄产业中也有着非常重要的地位。面对未来占比将高达三分之一的老龄群体，企业如何能够在这个市场上收获成功？最关键的是，企业不能从自身的想法出发，而应从顾客的需求出发。有了价值，才能有价格。大多数服务业都是如此，老年餐饮业也不例外。

老龄玩具：热点 vs 盲点

有观点认为，国内老龄玩具市场几乎空白，老年人专属玩具有需求缺供给。可是，老龄玩具产业真的是市场盲点吗？

玩是人的天性，于是玩具由此而生。人们通过考古已发现，古埃及有用黏土、木材、兽骨和象牙等材料制成的玩偶；古希腊有发声陀螺等拉线玩具；古罗马有四肢能活动的牙雕人像。中国古代的玩具的种类也非常多，如战国时期有投壶等投掷类玩具，宋朝时有用土木材料制成的娃娃，并配有漂亮的迷你服装。此外，风筝、空竹、陀螺、风车、滚环、七巧板、九连环、鲁班锁等传统玩具，至今仍被人们所喜爱。

根据不同的分类方法，玩具可以分为不同的类型。如按功能，可分为运动类、益智类、娃娃类、积木类等；按状态，可分为弹力玩具、惯性玩具、发条玩具、电动玩具等；按原料，可分为木制玩具、塑料玩具、金属玩具、毛绒玩具、纸玩具等。不过，这些分类在现实中往往相互交织，很难形成一个统一且标准的分类体系。

老龄玩具，正是按年龄分类而来。以往，玩具按年龄可分为婴儿玩具、幼儿玩具、少儿玩具、成人玩具等。随着老龄人口的增多，人们开始意识到老龄群体对玩具的需求。

那么，老龄群体为什么会对玩具产生需求呢？

第一，玩具满足了老龄群体娱乐的需求。正如我们在前面所言，玩是人的天性。孩子如此，成人如此，老龄群体也是如此。特别是现在的老龄群体，虽然年龄上超过60岁，但他们中大部分人身体健康，生活预期也更加丰富。他们并不满足于退休后回归家庭，只是做家务、带孙子，而是想要有更丰富的文化活动。

第二，玩具满足了老龄群体对社会交往的需要。社会交往是人的基本需要。老龄群体退休后，交往的对象、交往的渠道、交往的地点都发生了全新的变化。要建立新的社交，共同的兴趣爱好无疑是最佳的起点。例如，如果你想加入一个摄影爱好者的群体，一台好的单反相机就必不可少。这时，这台单反相机所发挥的作用，就不仅限于使用功能，还充当了交往的媒介。同样，如果一位老龄人士想加入门球队，最佳的方法无疑就是购买一套打门球的用具；如果想加入风筝队，一套好的风筝和线轮同样必不可少。玩具成为老龄群体重构老龄生活的"敲门砖"。

第三，玩具对一些慢性疾病和老年疾病具有预防和缓解功能。国内外大量研究表明，特定的玩具和游戏能够激活大脑中相应的神经，预防和有效缓解轻度痴呆症。例如历史悠久的保定铁球和盘核桃等，都是通过手部刺激，达到疏通经络、调和气血的功效，有助于防治手麻、手抖等慢性疾病。

在探讨老龄群体为什么会对玩具产生需求的过程中，你注意到了吗？实际上，我们已经列举了不少老龄玩具用品。这也正是我们下面要说的问题：老龄玩具产业真的是市场盲点吗？从目前来看，这个观点是站不住脚的。

实际上，许多企业此前都有过布局老龄玩具产业的想法。例如，物美超市就曾计划在旗下的社区超市内引入老龄玩具进行销售，并增设相关品类的货架。初期先试点，若消费者反馈理想就会向全市数百家门店复制、推广。但就在短短一个月后，物美宣布暂停该计划。物美的负责人表示，放弃的原因有两个：一方面，目前老龄玩具零售的行情并不明朗，仍需考察一段时间；另一方面，增设新品类货架涉及调研、筛选、品控、签约入驻，是一个相对漫长的过程，而社区邻里中心超市项目推进时间有限，因此目前并不适合继续与老龄玩具店开展合作。

老龄玩具产业之所以"叫好不叫座"，正是因为我们在认知上产生了误区。老龄玩具有需求吗？有！缺供给吗？不缺！我们缺的不是发明，而是发现，是将已有产品和服务与新需求有效对接的能力。

具体而言，这个对接包括以下三个方面。

首先，要鼓励老龄群体去寻找、去发现。授人以鱼，不如授人以渔。有时候，越是送上门的产品越不好卖。我们要做的是，鼓励老龄群体破除旧的思想观念，主动地玩起来。玩具并不需要多么复杂或者有很多功能。很多时候，1根粉笔、2块石子就能满足我们玩的需求。

其次，要为老龄群体的玩创造条件。玩起来，不仅需要玩具，还需要玩伴和适合玩的场所。我认为，如果说老龄玩具产业有盲点，那么盲点恰恰在于缺乏玩伴和适合玩的场所。商场里那些供孩子玩的游乐场，能不能在工作日空闲时变成老龄群体的活动场呢？我看到的是，不缺玩伴的麻将社，一直都是挺热闹的呢。在日本的社区超市里，他们为老龄群体提供的并不只是商品，还有店员与老龄群体、老龄群体与老龄群体之间的交流互动。

最后，要开发新的老龄玩具产品。为什么最后才谈这一点？原因很简单。企业是逐利的，市场是务实的。我们期望企业去做市场的建立者，这是非常难的。但是如果我们通过鼓励玩、创造玩，建立起一个新的流动市场，企业会不想加入吗？企业能不想加入吗？到那时，为了开发出新的老龄玩具产品，那些会玩、能玩的老龄人士一定会成为企业争相招聘的"香饽饽"。

老龄阅读：形式 vs 内容

阅读是人类特有的活动之一。在阅读中，无论年龄大小，人们都可以探索精神世界，寻找乐趣、汲取知识，进而应用到日常生活中。随着人口老龄化的快速发展，老龄群体的阅读也越来越受到社会的关注。

我们看到，一批以老龄生活为题材的出版物、以老龄作者为代表的创作者、以老龄群体为主要参与对象的银龄读书会如雨后春笋般涌现，在各个社交平台和各种线下空间广受欢迎。

与此同时，政府和有关部门也越来越重视老龄阅读。

2021年，中国老龄协会连续第八次开展的"向全国老年人推荐优秀出版物活动"得到了中国出版协会、韬奋基金会、中国编辑学会、中国新华书店协会等单位的支持，推荐榜单首次登陆北京图书订货会。

同年12月，国家新闻出版署印发《出版业"十四五"时期发展规划》，提出保障特殊群体基本阅读权益，包括丰富老年人、进城务工人员、农村留守妇女儿童的阅读资源供给，保障特殊群体的出版文化权益。

2022年2月，国务院印发《"十四五"国家老龄事业发展和养老服务体系规划》，要求扩大老年文化服务供给，鼓励编辑出版适合老年人的大字本图书。

同年4月23日，"世界读书日"当天，首届全民阅读大会在北京举行，会上专门举办了以"关注老年阅读、关爱老年生活"为主题的银龄阅读分论坛。同时，咪咕阅读、当当网等同步在线推出了"2021年向全国老年人推荐优秀出版物活动"数字阅读及购书专题，微信读书也同步推出了"老年阅读书单"。

2022年5月17日，"世界电信日"期间，多个阅读App推出"适老版"，以大字体、听书等功能助推老龄数字阅读。

无独有偶，当我们观察日本的人口老龄化进程时，也能看到老龄阅读的兴起。1994年，日本65岁及以上人口比重达到14%，意味着日本进入了中度老龄社会。同年，关于疾病、死亡、代际关系等的书籍开始热卖，如以"死亡"为主题的《大往生》、以"疾病"为主题的《癌症重发》、以"代际关系"为主题的《日本最短的写给母亲的信》等3本书入选当年十大畅销书。此后，临终关怀医院医生撰写的《人生应该这样度过》，百岁作家撰写的《103岁之后明白的事情》，预测日本老龄化影响的《未来年表》

等书相继入选年度畅销书，掀起了一轮又一轮浪潮。更有意思的是，一些畅销书的作者是 60 岁之后才发表处女作的"老龄"新作家。有分析认为，在日本，受中老年读者支持的图书更容易登上畅销书榜。

那么，在推动老龄阅读的实践中，有哪些是我们需要关注的呢？

一是阅读的形式。目前，很多人将推动老龄阅读的重点放在字号的大小、字体的选择、颜色的搭配等排版层面，以及听书、直播讲书等功能层面。实际上，阅读的形式还有很多可以改进的地方。例如注解，有的是缩小字号置于页下，有的是统一附在图书最后，不光是老龄群体，连年轻人读起来都不是很方便。再如数字阅读，我们虽然强调了听书和直播讲书，但相关推荐工作并没有跟上。"向全国老年人推荐优秀出版物活动"以往曾设有"电子音像"类，直到 2020 年才取消。应该说，取消是适应时代发展变化的举措，但遗憾的是，目前尚没有向全国老年人推荐的优秀微信公众号和视频号。

二是阅读的内容。比形式更重要的，当然是内容。目前，我们的老龄读物大致被分为人文历史、养老保健、老年生活、娱乐休闲、文学艺术等几大类。这些分类过于传统和笼统，已经很难适应现在的阅读需求。我们把实体书店和当当、京东等网站对比一下，就可以看出其中的差距。另外，这些分类还在客观上影响和限制了阅读内容的创作，将人们的目光局限于琴棋书画、花鸟鱼虫的传统老龄生活当中。为什么不能有关于如何创建社会组织、如何继续参与社会管理的以及营销类书籍呢？还有内容的可视化设计，也是被人们忽视的地方。从国外的老龄阅读实践来看，思维导图和漫画的应用能够极大地方便老龄群体的阅读。

三是阅读的功能。比形式更重要的，其实是功能。正如前文中我们所说的，阅读的重要功能之一，是将精神世界的收获折射到现实生活之中。一位朋友曾举了这样一个例子：奶奶要带孙子读世界名著，妈妈表示很担心，于是，奶奶给妈妈讲了自己的阅读心得。妈妈听后，说以后孩子的读书就全交给奶奶了。我想，这个案例充分说明了阅读的功能。实践中，有的银龄读书会组织了领读、跟读、共读等读书活动，还有的组织了戏剧表演等文艺活动，不仅能够让老龄群体在彼此之间建立联系，还能够让老龄群体在世代之间、在与其他群体之间建立联系，使老龄群体在家庭之中、群体之中、社会之中重新找到了归属感。

因此，在推动老龄阅读的过程中，要让阅读不只限于

"独乐乐",而是要实现更大范围的"众乐乐"。只有这样,我们才能真正践行积极应对人口老龄化国家战略的题中之义。

老年教育:教什么,怎么教

老年教育正在成为我国积极应对人口老龄化国家战略的重点工作之一。从 2019 年 11 月的《国家积极应对人口老龄化中长期规划》,到 2021 年 11 月的《中共中央 国务院关于加强新时代老龄工作的意见》,再到 2022 年 2 月的《"十四五"国家老龄事业发展和养老服务体系规划》,"老年教育"被提到的次数越来越多,内容也越来越具体。

老年教育备受青睐的原因是多重的。

第一,老年教育有助于推动健康中国行动和建立完善、综合、连续的老年健康服务体系。健康教育是建立完善、综合、连续老年健康服务体系的首要环节,也是健康中国行动的重要组成部分。当前,人们对健康知识的需求十分旺盛,但目前健康知识信息量太大、太杂,甚至混杂了大量的谣言和伪科学,严重破坏了健康知识的正常传播渠道和可信性。人们期望"国家队""正规军"在健康知识传播中更好地发挥作用。

第二，老年教育有助于改善人口老龄化背景下的劳动力有效供给。我国劳动年龄人口在 2012 年之前不断增长，从 1982 年第三次人口普查到 2011 年，数量从 5.89 亿人增长至 9.40 亿人，净增 3.51 亿人，年均净增加约 1200 万人。㊀2012 年，我国劳动年龄人口到达从增长转为减少的"转折点"。2018 年，我国劳动年龄人口已降至 9 亿人以下，预计到 2052 年将缩减到 7 亿人以下。而届时我国老龄人口中，有意愿、有能力的健康劳动力将达到 3 亿人。释放如此规模的劳动力，能够有效缓解劳动力稀缺带来的挑战。

第三，老年教育有助于提升老年人社会参与的规模和质量。很多人对老年生活充满消极和悲观情绪，认为逢老必衰、逢老必病；还有人对老年生活过于乐观，准备不足，特别是对丧偶、重大疾病等负面因素，以及由此导致的家庭贫困、居住方式和生活方式转变等，普遍缺乏心理准备。以往的老年教育大多停留在琴棋书画、花鸟鱼虫等兴趣教育上，呈现出教育内容单一与教育需求旺盛的矛盾。老龄

㊀ 国家应对人口老龄化战略研究总课题组. 国家应对人口老龄化战略研究总报告［M］. 北京：华龄出版社，2014.

群体普遍没有制订新的人生目标和规划，也缺乏如何运用自身的丰富经验和能力继续参与社会发展的相关学习内容。

总体来看，国家下一步着力推动老年教育的目标是扩大老年教育资源供给，进而构建老有所学的终身学习体系，这具体涉及以下四个方面。

一是继续推动老年健康教育发展。开发老年健康教育科普教材，通过老年健康宣传周等多种活动，在城乡社区加强老年健康知识宣传和教育，利用多种传播媒介普及健康知识和健康生活方式，提高老年人健康素养。

二是发挥教育部门的引领作用。将老年教育纳入终身教育体系，教育部门牵头研究制定老年教育发展政策举措，鼓励有条件的高校、职业院校开设老年教育相关专业和课程，加强学科专业建设与人才培养。支持各类有条件的学校举办老年大学（学校）、参与老年教育。

三是增设老年教育机构。加快发展城乡社区老年教育，鼓励养教结合创新实践，支持社区养老服务机构建设学习点。发挥社区教育办学网络的作用，办好家门口的老年教育。鼓励和引导老年人在城乡社区建立基层老年协会等基层老年社会组织，搭建自我服务、自我管理、自我教育平台。依托国家开放大学筹建国家老年大学，搭建全国老年教育资源共享和公共服务平台。推动各地开放大学举办"老年开放大学",鼓励老年教育机构开展在线老年教育。创新机制,推动部门、行业企业、高校举办的老年大学面向社会开放办学。

四是丰富老年教育内容。发挥社区党组织作用,引导老年人践行积极老龄观。发挥老年人在家庭教育、家风传承等方面的积极作用。加强对社会公众的生命教育。实施"智慧助老"行动,加强数字技能教育和培训,提升老年人数字素养。组织开展老年人运用智能技术教育培训,通过体验学习、尝试应用、经验交流、互助帮扶等,引导老年人了解新事物、体验新科技、运用新技术。广泛开展老年人识骗防骗宣传教育活动,提升老年人抵御欺诈销售的意识和能力。

从以上四个方面,我们可以看出国家推动老年教育发展的决心和方向。实际上,综合以往国家和地方的老年人需求和老年教育实践来看,老年教育的内容还需要进一步丰富,至少要涵盖以下七种教育:一是关于积极看待老龄生活的退休教育,二是关于生活方式和身心健康的健康教育,三是关于生死观的生命教育,四是关于家庭代际沟通的家庭教育,五是关于国际热点、新型国际关系的世界观教育，六是关于新知识、新技术的知识教育，七是关于文化、公益的传统文化教育。

另外，在教育的形式和载体上，也有很多创新的空间。例如，在日本的一座小镇上，每个居民把自己的特长登记在小镇专有的软件中，一有适合的机会他们就会去打零工。小镇还出版了《特长手册》，如果有人想学技艺，就可以联系相应的居民学习。比如一位居民擅长滑雪，他就可以在冬季的时候去滑雪场当滑雪教练，也可以办个技能学习班，将技术传授给其他人。再如，国外有大学招收老年人，为其提供学历教育，并帮助老人获得专业咨询和委托课题，让老人实现学以致用。

随着人口平均预期寿命的延长，我们正在迎来一个全新的、长达20年的"第三人生"。推动老年教育的发展，正是社会为"第三人生"所做的制度性安排和基础性建设。

老龄体育：从移开镜子开始

近年来，人们的健康意识显著提高。作为维护健康的重要手段，运动在中国快速普及，并受到市场的热烈追捧。

线上的运动 App 和小视频，线下的运动场所，以及相关的运动书籍、运动服装、运动用品，这几年可谓是层出不穷，吸引着人们的目光，成为社会热议的话题。

运动热衷者中，不仅有上班族和上学族，还有退休族。有调查显示，60%的城市老龄群体和 40%的农村老龄群体经常参加体育运动。

为什么老龄群体会热衷运动呢？

一方面，运动满足了老龄群体维护身体健康的刚性需求。无论是高血压、糖尿病等慢性病，还是心梗、脑出血等急性病，老龄群体都是最大的受害者。中国历来就有"饭后百步走，活到九十九"的说法；国际上也普遍认为，适当运动是维护健康的四大基石之一。有研究发现，通过科学运动，能够显著减少患者的住院次数。随着健康意识的不断提高，老龄群体日益重视日常的体育运动。

另一方面，运动满足了老龄群体保持社会交往的潜在需求。运动形式多种多样，不仅有空竹、放风筝、太极拳等个体运动，还有门球、广场舞等群体运动。而且，通过比赛、表演等活动，个体运动又可以转换为群体运动。对很多老人来说，日常运动已不仅是一种保健方式，更是一种参与社会、与人交往的重要途径。

2022年4月13日,国家体育总局发布《关于进一步做好老年人体育工作的通知》,提出要建立健全老年人体育政策、丰富老年人赛事活动、扩大老年人场地设施供给、健全老年人体育组织、加强老年人科学健身指导。此举受到舆论的高度关注,认为老龄运动可能成为下一个产业风口。

实际上,我国政府对老龄运动的重视由来已久。

1983年6月,国务院就批准成立了中国老年人体育协会。此后,31个省(自治区、直辖市)、5个计划单列市、新疆生产建设兵团以及一些行业都陆续成立了老年人体育协会。

2009年8月8日,国家体育总局联合全国老龄办和中国老年人体育协会共同主办了首届全国老年人体育健身大会。该赛事每四年举办一次,至今已举办四届。

2015年9月,国家体育总局等12部门联合印发了《关于进一步加强新形势下老年人体育工作的意见》,提出体育健身活动是积极应对人口老龄化的便捷、经济、有效方式,也是老年人保持健康、延缓衰老的理想途径,要求充分发挥体育在应对人口老龄化过程中的积极作用。

2022年3月,中共中央办公厅、国务院办公厅印发

《关于构建更高水平的全民健身公共服务体系的意见》,要求到 2025 年,更高水平的全民健身公共服务体系基本建立,人均体育场地面积达到 2.6 平方米,经常参加体育锻炼人数比例达到 38.5%。到 2035 年,与社会主义现代化国家相适应的全民健身公共服务体系全面建立,经常参加体育锻炼人数比例达到 45% 以上,体育健身和运动休闲成为普遍生活方式,人民身体素养和健康水平居于世界前列。

通过梳理这些政策我们可以看到,老龄体育事关健康中国、全民健身、积极应对人口老龄化三大国家战略,未来会得到更多的支持和重视。

那么,面对这样的机遇,企业需要怎么做呢?

我们看到,许多企业已经开始研发新的适老化体育产品和健身项目。例如有的健身房采取传统低价营销,吸引老龄群体办卡;有的健身房针对老龄群体推出有针对性的健身课程;有的企业开始出售更适合老龄群体使用的健身器械;有的企业推出帮助老龄群体制订健身计划的智能 App 和小程序。

他山之石,可以攻玉。日本作为全球老龄化程度最高的国家,其企业的一些做法值得我们借鉴。

位于东京都江户川区的永旺葛西购物中心,通过为晨练的老龄群体提供免费的场地和组织指导人员，不仅收获了"早餐"的收入，还带来了"早市"的兴旺。同时，商场内还设有180米长且专门加宽的室内健身步道，为雨雪天气下的老龄群体提供锻炼场所。步道旁边的运动用品店不仅会提供护膝、徒步手杖等运动服装、运动器材，还会提供相关的运动课程。

日本健身俱乐部Curves的做法最有特点。一是没有男性。该机构的定位是只为中老年女性服务，这样不仅可以避免性别间的尴尬，还可以让很多女性可以不用化妆，放松身心投入健身运动。二是没有镜子。与一般健身房到处都是落地的大镜子不同，该机构里没有镜子，以避免客户因为照镜子而不自信。三是器材朝内摆放。与一般健身房健身器材朝向窗外不同，该机构的器材均朝内摆放，形成一个环形，以便于教练和会员相互之间的目光和语言交流，彼此鼓励。四是没有私教课。该机构主打一个叫作"环形30分钟"的集体健身项目，将12个针对女性不同身体部位的健身器械排成环形，会员只需在每台器械上全力以赴运动30秒，并穿插混合型恢复运动即可。这套运动难度低，适合各个年龄段，对健身基础的要求是0，用户不仅可以在30分钟内完成运动项目，而且可以达到运动1.5小时消耗的热量值。五是不配游泳池和沐浴间。该机构只配备常用的健身器材，既节约空间，又实现了更低的会员费。

最有意思的是，在个性化大行其道的今天，Curves要求会员以小组而非个人的形式进行锻炼。锻炼之余，Curves还为会员举办才艺培训、健康食谱、时尚美妆、职业发展等女性感兴趣的集体课程。此外，Curves还与商家合作推出餐厅优惠、住店优惠、航班优惠等活动，供会员和家人一起参与，以此增加社群黏性。

所以，企业要抓住老龄体育的风口，关键在于深入地理解老龄群体的需求。其中最简单的做法，不是推出更低价格的产品，而是从移开镜子开始。

社区养老如何实现
"羊毛出在猫身上，马来买单"

居家养老、社区养老和机构养老是我们经常听到的三个词。很多机构还将此作为自身业务的定位和标签。但现实中，这三者之间的区别，我们真的清楚吗？例如，养老服务不都是由机构提供的吗？再如，社区养老机构提供的上门服务与居家养老又是什么关系？很多地方政府在文件中广泛使用的"居家社区养老"和"社区居家养老"，更进一步加重了这种困惑。

2011年12月，国务院办公厅印发了《社会养老服务体系建设规划（2011—2015年）》（以下简称《规划》）。这是中华人民共和国成立以来国家第一次将社会养老服务体系建设纳入专项规划范围。《规划》将居家养老、社区养老和机构养老三者明确为：

居家养老服务涵盖生活照料、家政服务、康复护理、医疗保健、精神慰藉等，以上门服务为主要形式。

社区养老服务是居家养老服务的重要支撑，具有社区日间照料和居家养老支持两类功能，主要面向家庭日间暂时无人或者无力照护的社区老年人提供服务。

机构养老服务以设施建设为重点，通过设施建设，实现其基本养老服务功能。

简而言之，居家养老主要服务于身体状况较好、生活基本能自理的老年人，提供的是到家服务；社区养老主要服务于家庭日间暂时无人或者无力照护的社区老年人，提供的是定点定时服务；机构养老主要服务于失能、半失能的老年人，提供的是定点全时服务。

三者之间最大的区别是服务地点：居家养老是在家庭，社区养老是在附近的社区，机构养老是在养老院。在服务内容上，三者虽有不同，但互有重叠。在服务机构上，三者没有区别，也就是说，只要能力许可，一家机构可以同时从事居家养老、社区养老和机构养老。

从侧重机构养老转向侧重社区养老，是"十四五"时期我国养老服务体系发展的重要特点之一。这个转变的背景，一是机构养老的快速发展。"十三五"期间，我国各类养老服务机构和设施从11.6万个增加到32.9万个，床位数从672.7万张增加到821万张。二是国家将加强城乡社区服务体系建设摆在了更加突出的位置，首次将城乡社区服务体系建设规划列为"十四五"时期重点专项规划之一，出台了《"十四五"城乡社区服务体系建设规划》。三是随着老龄社会的到来，我们已经不可能将未来占比约三分之一的老龄群体置于社会之外，单独考虑其生活与生存问题。社区养老作为居家养老的重要支撑，是未来绝大多数人的基本养老保障手段之一。

通过建立社区内的养老驿站或养老服务中心提供养老服务，是社区养老的主要形式。以往，为规范服务和方便监管，社区养老主要采取正面清单制，即为规定对象提供规定动作。例如，只能为60岁及以上老龄群体服务，年轻人不能使用；只能提供规定内的助餐、助洁等服务项目，连拐杖、成人尿不湿等老年用品也不能售卖。这造成了社区养老服务对象少、服务内容弱，可持续性不强。许多社区养老机构都感觉无法建立商业模式，只能依靠政府输血和提供各类补贴勉强维持。

2020年12月，北京市率先推行养老驿站管理负面清单制，明确驿站内的"十个严禁"，包括禁止发生殴打、辱骂老年人等欺老骗老虐老行为，禁止向老年人推销基金、信托、第三方理财、P2P网络借贷，禁止向老年人收取高额会员费、保证金或者为会员卡充值等。驿站只要不违反管理负面清单，都可依法自主开展各类市场化养老服务。

负面清单制的推出，为社区养老机构"松了绑"，提供了创新的环境和可能性，一些别具特色的实践得以产生和发展。

一是民营诊所做社区养老。医疗机构做驿站绝对是件新鲜事，特别是其在医疗上的专业能力，远远超过一般的社区养老机构。而民营诊所通过为老人提供服务，可以迅速与老人建立起信任感和依赖感，为后续开展更多的医疗服务打下基础。

二是养老院做社区养老。养老院的服务能力，也是一般社区养老机构不具备的。养老院做社区养老,不仅可以增加养老院的收入,还可以提升养老院的口碑,带来客源。

三是物业机构做社区养老。物业机构做社区养老的优势,在于其距离上的天然优势和保安、保洁、保修等方面的专业能力。物业机构可以通过在社区养老方面的业务拓展,获得更多的收入。

四是社群电商做社区养老。社群电商擅长利用社会化媒体工具提升社群成员的活跃度和传播力,能够迅速将单独的老人通过社交网络工具进行社群化。养老社群的活跃,无疑可以为社群电商带来更高的收入。

五是食堂做社区养老。民以食为天,在获取营养的同时,餐桌也是我们最自然和最熟悉的交流场所。有的食堂以老年餐为切入点,或是通过覆盖周边区域,或是通过面向全年龄群体,有效增加了收入,也为老人提供了社区养老服务。

六是农场菜园做社区养老。农场菜园做社区养老,一方面可以为老人提供新鲜的蔬菜水果;另一方面可以组织老人到农场菜园采摘。毫无疑问,这两种方式都会为农场菜园增加收入。

有意思的是,以上六种实践,常常会被人指责是"挂着羊头卖狗肉"。不过，批评的人可能忘了，"羊毛出在猫身上，马来买单"不正是现代营销的新模式之一吗？老人需要通过简单便捷的途径获得可及的医疗、养老、物业、购物、助餐服务，这才是最重要的。在坚决避免老人利益受损害的前提下，我们应该看到这些实践在帮助老人上取得的积极效果。

未来，银行可以做社区养老吗？银行70%的存款在老人手中，70%的业务发生在老人身上。银行为什么不可以做呢？超市可以做社区养老吗？除了中午和晚上，超市内购物的绝大多数都是老年人啊。外卖平台可以做社区养老吗？就餐高峰外的骑手们好像也有这样的时间和精力。对于那些表面光鲜、不思进取的社区养老机构来说，面对这样的降维打击、辐射打击和跨界打击，留给它们积极调整、破茧化蝶的时间已经不多了。

养老护理员紧缺如何解

谈到人口老龄化，人们首先就会想到养老。因此，随着人口老龄化的迅猛发展，养老服务业日益受到各国政府和经济界人士的重视,甚至被视为21世纪的朝阳产业。但是据国家民政部的数据,全国养老院普遍存在养老护理力量紧缺的问题。现在全国有200多万名老人入住在约4万个养老院里,但是工作人员只有37万人,其中真正的护理员只有20多万人。平均1个护理员要服务近10个老人。

为什么一个朝阳产业反而会遭遇招人难、留人难的问题呢?

收入与付出不匹配,是人们不愿从事养老护理工作的根本原因。养老护理的工作时间是"007",每天24小时,全年365天,需要有人时刻在岗在位。目前,养老护理员基本是两班制,工作时间长于一般岗位。同时,养老护理员的工作强度也大于一般岗位。养老护理员不仅要负责老人的吃喝拉撒等日常生活照料,而且要掌握鼻饲、排痰等基本护理技能,还要能够处理好和老人以及老人家属之间的关系。特别是一些说不清道不明的纠纷和意外事故,更是让养老护理员们满腹苦水,谈之色变。

近几年,为了留住养老护理员,养老机构普遍提高了养老护理员的工资待遇。但即使是在北京、上海、广州等发达城市,养老护理员的月收入也只有4000~5000元,与快递、外卖骑手、月嫂、保姆等职业相比,收入仍然处于较低水平，基本没有竞争力可言。

同时，相关院校由于养老护理专业招生难、学生毕业后流失率高，也不愿直接开设养老护理专业，而是变相设立了养老护理管理、智能养老等相关专业。这样的专业设置，人为地调高了学生的就业期望。很多学生认为自己学的是管理专业，毕业后即使到养老一线，也是要直接从事管理工作的。这种培养上的供需错配，进一步加剧了养老护理专业学生的流失。实际上，养老护理专业的学生还是很受养老机构欢迎的，他们年纪轻，护理技术过硬，工作不仅知其然，而且知其所以然，缺点是社会经验不足、心理承压能力小和从事实际工作少，尤其是在处理涉老纠纷和意外事故时，经常出现茫然不知所措等情况。只要这些年轻人能够坚持住，几年之内走上管理岗位并非难事。

更重要的是，养老护理员长期缺乏社会认可，社会地位和职业声望偏低。这也构成了养老护理员供不应求的潜在原因。

面对招人难、留人更难的局面，养老服务业的出路在哪里呢？

首先，要多方共同努力，推动养老护理工作走出以往的恶性循环。政府可以采取给予企业租金补贴，或者向一线养老护理员发放特殊津贴等方式,帮助养老机构提高养老护理员的收入。养老机构要更多地与高新技术企业、院校和研究机构互动,争取让信息化、智能化技术代替劳动力,逐步降低养老护理员的工作强度。老人家属要充分理解养老护理员的难处,对他们在工作中出现的失误给予理解和宽容。

其次,在养老护理员工资待遇不断提升的情况下,院校要进一步加大一线养老护理专业的培养力度。在培养过程中,院校应与养老机构频繁互动,以生动的案例教学代替枯燥的照本宣科。从短期来说,可以多安排养老护理专业的短期培训,帮助养老机构快速培养一批动手能力强的护理员。从中长期来说,可以全面调整专业教学内容,切实将所学所用相统一,提升学员的动手能力;同时,加入职业生涯教育等内容,让学员看到从事养老护理的职业发展空间,了解毕业后的实际工作状态,并为此做好心理准备。

最后,全社会要全面关心和尊重养老护理员。可以参照护士节,为养老护理员设立专门节日,或者将养老护理员纳入护士节适用人员范围,体现对养老护理员的特殊关爱。

2023年12月，民政部、国家发展改革委、全国老龄办等12部门联合印发《关于加强养老服务人才队伍建设的意见》，提出以发展养老服务技能人才为重点，打造一支规模适度、结构合理、德技兼备的养老服务人才队伍。要实现这一目标，需要政府、社会、企业、学校和家庭付出更大努力。毕竟，家家有老人、人人都会老，要想实现老有所养、老有所乐，离不开所有人的共同行动。

POSTSCRIPT ◀ 结语

推动银发经济要有"后天观"

今天与昨天的人口结构已有很大差异,明天和后天的人口结构将更加不同。

《世界人口展望》是联合国官方发布的人口统计和预测数据报告,由联合国秘书处经济和社会事务部人口部组织编写,到 2022 年已经更新了 27 次。根据近年发布的《世界人口展望》,我们已经可以预见到 2050 年的全球老龄化图景。

2050 年全球老龄化前瞻

从规模层面看,全球老龄人口占比将从十分之一提高到六分之一。2021 年,全球 65 岁及以上人口为 7.61 亿人,是 1980 年(2.58 亿)的约 3 倍,约占全球人口的 10%,即全球每 10 个人中就有 1 个在 65 岁以上。预计全球 65 岁及以上人口将继续增长，于 2030 年达到 9.94 亿人，到 2050 年达到 16 亿人，约占全球人口的 17%，即全球每 6 个人中就有 1 个在 65 岁以上。

从国家层面看，越来越多的国家和地区正逐渐步入老龄化。1950 年，世界上只有 49 个国家或地区进入老龄化，不足国家总数的四分之一。到 2015 年，这一数字已增至 94 个，其中，43 个进入中度老龄化，1 个进入重度老龄化。据预测，到 2050 年，进入老龄化的国家或地区将增至 158 个，约占国家总数的四分之三，其中，9 个将进入超重度老龄化，48 个进入重度老龄化。

最需要注意的是，全球 80 岁及以上人口正在成为全球人口数量增长最快的群体。2019 年，全球 80 岁及以上人口已达到 1.43 亿人，是 1990 年（5400 万）的近 3 倍。据预测，到 2050 年，全球 80 岁及以上人口将再增长近 2 倍，达到 4.26 亿人；到 2100 年，全球 80 岁及以上人口将再翻 1 倍，达到 8.81 亿人，接近全球人口的十分之一。

您能够想象那一天的情景吗？当生于 2020 年的你（其实这更可能是你儿子或孙子的出生年份）行走在 2100 年的街道上，会看到身边每 10 个人中就有 1 个年龄在 80 岁以上。而且，在发达国家和地区，尤其在城市中，这种现象尤为突出。

2050年我国老龄社会转型目标：多元包容、智能创新、全龄共享

随着老龄化程度的快速加深，中国老龄社会转型将由缓慢到加速、由零散到集中、由局部到全局，由民生、经济领域扩展到全社会所有领域。为此，必须顺应老龄化的发展趋势，主动调整制度安排和现有结构，转变传统发展模式，重塑形成一个由基础、平台、服务、主体四层生态组成，共享化、智能化贯通两翼，多元包容、智能创新、全龄共享的老龄社会（见图P-1）。

图P-1 多元包容、智能创新、全龄共享的老龄社会

最底层（第四层）是老龄社会基础设施与制度环境。

第三层是建立在适老化基础设施之上的创新型政务、经济和社会三部门支撑平台。

第二层是建立在创新型政务、经济和社会三部门支撑平台之上的面向多元化主体和社群的全面、完善的创新型服务体系，包括生产、交易、生活、养老、健康、公益、信息、娱乐等，能够为各类对象提供个性化、专业化的服务支持，并实现线上线下多维度深层联合。

最上层（第一层）是各种形态的多元化主体和社群，包括家庭、单身、结伴、同好、同域等，以及与创新型服务体系结合产生的新型主体，如蜂巢式养老、结伴养老等线上线下的多元化社群。

贯通老龄社会四层生态的是智能（技术）和包容（文化）。

为了抵达明天，必须远望后天

推动银发经济的发展，需要我们摒弃很多还停留在昨天的观念。历史证明，能够用明天乃至后天的观念来看今天的问题，才是找到答案的关键。

那么，老龄化的昨天、今天、明天、后天指的是什么呢？我觉得可以用四个词来概括，那就是老年（old age）、老龄（aging）、全龄（all age）、超龄（surpass the age）。

老年与老龄，本书中已有诸多阐释。我们必须看到，寿命的普遍延长是社会进步的标志之一。今天，60岁被视为老龄的起点；明天，我们将摒弃所谓的低龄、老龄之分，将所有年龄的人群融合而非隔离开来；后天，我们将不再以年龄作为衡量任何事物的标准。

进入"全龄"时代，社会将重新认识各年龄人群的价值。人在不同的年龄，会有不同的社会参与方式，产生不同的社会价值。小到购买手机，不会有所谓的"儿童手机"或"老人手机"；中到买房装修，不用选择什么适小化或适老化改造；大到市政建设，不用考虑哪些设计是不是适合老龄群体。所有的标准将统一为——适合所有年龄的人。社会要照顾的不是老龄群体，而是所有有需要的人。社会要发展，依靠的是所有年龄人群的集体贡献。

而进入"超龄"时代，社会将迎来全新的变化，人们将以新的标准重新聚合起来，也可能是兴趣，也可能是思维方式等。

到了那一天，我们再回头看人口老龄化与老龄社会，会发现原来一切都是那么顺其自然。因此，发展银发经济，我们要建立一种"后天观"：从今天到明天很难，从后天到明天较易。为了抵达明天，我们必须远望后天，否则明天只是又一个今天。

一切从转变认知开始

未来充满挑战，未来同样充满机遇。我们能否抓住这

些机遇实现突破，关键在于我们以什么样的态度来看待它们。只有认知到位了，我们才能冲破传统观念的束缚，

经济学家哈耶克曾说："观念的转变和人类意志的力量，塑造了今天的世界。"今天，人口老龄化的浪潮正席卷全球，人类社会将迎来一场大转型。这是人类共同努力取得的伟大成就，也是人类共同面对的重大课题。

发展银发经济，首先要认清人口老龄化难以逆转的发展趋势。人口因素是经济社会发展的长期性、全局性、基础性和战略性因素。人口老龄化正同工业化、城市化、信息化、全球化一道，构成重塑人类社会的认知背景和基础力量。因此，我们必须打破年轻社会的传统思维定式，重新认识和界定养老、老龄化、老龄社会等相关概念，从多学科、多领域、多视角出发，加强国家、区域、国际等多层次交流与合作，深入研讨老龄社会的发展趋势和主要特点，对老龄社会的经济、社会、文化、科技和制度变化展开全方位、大视野、整体性、前瞻性研究。

发展银发经济，必须始终坚持以人为本的核心理念。人口老龄化的最大挑战，是传统的经济社会发展模式难以为继。但经济社会实现可持续发展的前提，正是人类自身的可持续发展。因此，我们需要理性审视老龄社会带来的

全局性、长期性变革，并立足更全面、更系统、更复杂、更长远的科学认识，建立跨代际、全龄化的思考和参与通道，积极应对人口老龄化进程中经济上"未富先老"、社会上"未备先老"、区域上"农村先老"、身体上"未健先老"等难题，以及由此产生的年龄歧视、代际矛盾、供给失衡、发展受限等诸多不适应。

发展银发经济，推动全面创新至关重要。应对新的挑战，把握新的机遇，离不开新的思维。老龄社会是对年轻社会所有领域、所有层面的重塑与新建。因此，我们要充分运用老龄社会更加丰富的智慧资源，变革增长动力、经济模式、产业结构和分配体系，推动市场创新、经济创新、社会创新、政务创新、公共政策创新、认知创新、理论创新等各个领域和层面的全面创新，催生适应老龄社会的创新平台、创新模式、创新产品和创新生活方式，并以新思维催生新观点、新范式，为老龄社会提供新理解、新想象和新动力。

人类社会的发展和进步没有终点。每个人都拥有追求美好生活的权利和希望，这是人类社会发展的内在动力和坚实基础。今天，人类社会正在从年轻社会步入老龄社会；明天或后天，人类必将超越和挣脱年龄的束缚，创造出一个更加幸福、更加美好的新社会！

参考文献 ◂ REFERENCE

［1］易鹏，梁春晓.老龄社会研究报告（2019）——大转折：从年轻社会到老龄社会［M］.北京：社会科学文献出版社，2019.

［2］李佳.人口老龄化与老龄社会100问［M］.北京：中国财富出版社，2021.

［3］李佳.安心老去：面对老龄化冲击的准备［M］.北京：北京联合出版公司，2022.

［4］易鹏，徐永光.老龄社会发展报告（2022）：社会力量参与养老服务供给研究［M］.北京：社会科学文献出版社，2023.

［5］国家卫生健康委员会人口监测与家庭发展司，中国人口与发展研究中心.人口与家庭发展常用数据手册（2021）［M］.北京：中国人口出版社，2022.

［6］国家应对人口老龄化战略研究总课题组.国家应对人口老龄化战略研究总报告［M］.北京：华龄出版社，2014.

［7］原新.人口老龄化与经济新常态论文集［M］.北京：华龄出版社，2016.

［8］李军.老龄经济学［M］.北京：中国社会科学出版社，2022.

[9] 党俊武.老龄经济[M].北京：中信出版集团，2022.

[10] 左美云.智慧养老：内涵与模式[M].北京：清华大学出版社，2018.

[11] 蔡昉.人口负增长时代：中国经济增长的挑战与机遇[M].北京：中信出版集团，2023.

[12] 老龄文明智库.老龄文明蓝皮书（2022）[M].南京：江苏人民出版社，2023.

[13] 吴玉韶，党俊武.中国老龄产业发展报告（2014）[M].北京：社会科学文献出版社，2014.

[14] 党俊武.中国城乡老年人生活状况调查报告（2018）[M].北京：社会科学文献出版社，2018.

[15] 党俊武，李晶.中国老年人生活质量发展报告（2019）[M].北京：社会科学文献出版社，2019.

[16] 党俊武，王莉莉.中国老龄产业发展报告（2021—2022）[M].北京：社会科学文献出版社，2023.

[17] 丹特.人口峭壁[M].萧潇，译.北京：中信出版社，2014.

[18] 普拉哈拉德.金字塔底层的财富：为穷人服务的创新性商业模式[M].傅婧瑛，译.北京：人民邮电出版社，2015.

[19] 科尔巴赫，赫斯塔特.银发市场现象：老龄化社会营销与创新思维[M].胡中艳，卢金婷，译.大连：东北财经大学出版社，2016.

[20] 库格林.更好的老年：关于老年经济，你必须知道的新理念[M].杜鹏，等译.北京：北京大学出版社，2022.

[21] 日本《朝日新闻》采访组.负动产时代[M].朗旭冉，译.北

京：中国纺织出版社有限公司，2021.

［22］佐藤和夫.上天赐予的粉色鞋子：倾听顾客的声音［M］.范紫瑞，译.北京：东方出版社，2022.

［23］舒尔曼.超龄时代：未来人口问题解读［M］.王晋瑞，译.北京：中译出版社，2023.

［24］朔巴.80亿人口［M］.岳玉庆，译.北京：中信出版集团，2023.

［25］莫兰.人口版图［M］.路远，译.北京：中信出版集团，2023.